企业进化论

8大方法论
破解企业成长难题

薄连明 / 著

机械工业出版社
CHINA MACHINE PRESS

图书在版编目（CIP）数据

企业进化论：8大方法论破解企业成长难题 / 薄连明著 . -- 北京：机械工业出版社，2025.1（2025.2 重印）.
ISBN 978-7-111-77216-3

Ⅰ. F271

中国国家版本馆 CIP 数据核字第 2024M5P974 号

机械工业出版社（北京市百万庄大街 22 号　邮政编码 100037）
策划编辑：白　婕　　　　　　　　　　责任编辑：白　婕　梁智昕
责任校对：李　霞　李可意　景　飞　　责任印制：张　博
北京建宏印刷有限公司印刷
2025 年 2 月第 1 版第 2 次印刷
170mm×230mm・20 印张・3 插页・200 千字
标准书号：ISBN 978-7-111-77216-3
定价：99.00 元

电话服务　　　　　　　　　　网络服务

客服电话：010-88361066　　　机　工　官　网：www.cmpbook.com
　　　　　010-88379833　　　机　工　官　博：weibo.com/cmp1952
　　　　　010-68326294　　　金　书　网：www.golden-book.com
封底无防伪标均为盗版　　机工教育服务网：www.cmpedu.com

首先祝贺连明的新书出版，这是他多年企业经营管理心得的总结，初稿完成时他就请我为书写个序，我欣然应允。

连明曾长期为 TCL 服务，是 TCL 全球化和产业转型升级时期最重要的核心高管之一。2021 年 TCL 成立 40 周年时，尽管他已经离开了 TCL，但我仍然为他颁发了荣誉功勋奖。我为连明写的颁奖词是："在 TCL 波澜壮阔的四十年征程中，你博学慎思，打造产业增长基座；你高屋建瓴，建立系统管理能力；你以魅力破解每一次困局，你以愿景激发每一个人才，你以睿智征服每一座山峰！"

连明在 TCL 供职期间确实做出了非常重要的贡献，其中有两件事情在公司发展史上影响巨大。

一是 2006 年 TCL 国际化遇到困境时，他用他原创的企业全景管理钻石模型帮 TCL 诊断出了问题的根源，在 TCL 内部推动了一场深刻的文化变革，当时我亲任变革领导小组组长，连明任推进小组组长。

这场深刻的变革实现了"鹰的重生",奠定了公司此后十多年高速成长的基础。

二是 2012 年 TCL 旗下的华星光电从投产转向正式经营阶段时,我力排众议请连明出任华星光电 CEO。华星光电是 TCL 全新的产业赛道,在连明的率领下,它建立了完善的经营管理体系,经营效率和 EBITDA 利润率[⊖]连续几年居全球行业领先水平,成为"全球面板获利王"。

连明是管理学教授出身,理论功底深厚,善于把理论运用到实践中,然后从实践中归纳提炼出他自己的理论框架,是一位贯穿理论和实践的"两栖"人才。记得在 TCL 内部连明有个"薄师傅"的绰号,因为他总能将企业经营的问题、业务的逻辑梳理和表达得很清楚,许多主管都愿意向他请教;连明在 TCL 经营战略的规划制定和持续升级中也多有贡献。本书中大部分理论思想和方法论,如整体适配论、因果链论、战略推演论、齿轮论等都是他在 TCL 进行管理实践的过程中形成的,他不断用这些理论思想和方法论为企业找到了高效经营的卓越之路。

连明在此书中还披露了很多 TCL 的管理实践,我认为 TCL 这 40 多年的发展历程有三点值得总结。

第一,企业长期发展的历程不是单一的曲线,更不是平坦的直线,而是若干条 S 型增长曲线的迭代。

⊖ EBITDA 利润率是企业一定时期的息税前利润与折旧和摊销之和占这一时期的销售收入净额的比重。

TCL 的产品经历了多次迭代：从最早的 TTK 盒式磁带到国内最早的免提按键式电话；从国内市场份额最高的 TCL 王牌电视到在国内手机市场占据一席之地的 TCL 手机；从空调、冰箱、洗衣机等白色家电到打破中国"缺芯少屏"局面的 TCL 华星光电半导体显示屏，再到属于中国经济新动能"新三样"之一的 TCL 中环光伏以及作为新质生产力代表产品之一的半导体材料产品。每种产品都为 TCL 带来了一条 S 型增长曲线，这些 S 型增长曲线的不断迭代和延伸，造就了 TCL 这 40 多年的可持续发展。所以，企业在发展过程中适时开辟第二增长曲线是重要的战略课题，这涉及深刻的战略洞察和企业家胆识，一个正确的战略决策为企业带来的效益提升或许是经营改善所带来的效益提升的 10 倍以上。

选准第二增长曲线的迭代时机和迭代方向非常不容易，迭代早了付出探索成本，迭代晚了错失机会，方向错了更是南辕北辙。业界常说的"不找第二增长曲线是等死，第二增长曲线找错方向是找死"就是这个道理。我们看到太多企业因找不到第二增长曲线而成了长不大的"小老树"，也看到太多企业因转型方向错误而陷入困境。

第二，TCL 的发展史就是一部变革史。任何企业都是时代的产物，企业要想随着时代的进步而进步就必须不断变革，变革就是要重构企业的成长基因、促进企业形成新能力——把限制企业成长的基因去掉，增加新的成长基因，并让各基因要素之间相互适配。

这正是 TCL 这 40 多年来一直坚持在做的事情：1997 年，系统性地提出"变革创新"的经营理念并推动企业体制改革；2002 年，提出"创国际品牌，建一流企业"的经营战略；2004年，成为国内首家通过吸收合并子公司完成集团整体上市的公司，开展跨国并购，加速国际化；2006年，推行"鹰的重生"文化变革，并以此带动企业内部的一系列变革；2018年，进行重大的产业变革重组。TCL的不断变革充分说明，不变革就没有未来，唯有变革才能让企业基业长青。经过40多年的风风雨雨，变革精神已经成为TCL机体内最强大的基因。

第三，支撑TCL发展的核心要素是企业家精神。我们经常反思，TCL一路斩关夺隘，从一个不知名的地方小企业成长为年营收几千亿元的跨国企业集团，靠的是什么？是什么支撑了公司过往的高速发展？TCL成长于地方小镇，起点很低；从一开始就进入充分竞争的市场，没有特殊的资源禀赋；TCL有的机遇，别人也都有……因此，能力、资源、机遇都算不上TCL的成长密码。在我看来，支撑TCL发展的核心要素只有一个，就是由主人翁精神、开拓者精神、奋斗者精神、创新者精神和利他精神等组成的企业家精神。

TCL定义的企业家精神不是企业家独有的个人精神，而是一种群体精神，它根植于企业文化，是别人不容易复制和模仿的。这也是TCL的核心竞争力。

以上三点在连明的书中都有鲜活的体现。我非常感谢连明在TCL的几个重要发展阶段做出的杰出贡献，感谢他一直支持和帮助我驾驭TCL这艘巨轮。

连明说"企业大不一定美，小也不一定美，从小到大的成长过程才是美的"，管理学教授出身的他，在经历了30年的实践洗礼之后，现在又回到与教育相关的事业中，重新走上了大学商学院的讲坛，并成立了咨询公司为众多企业的成长赋能，成就企业成长之美。这是非常有意义的。

李东生

TCL 创始人、董事长

来自管理 × 家的声音和结晶
——管理的挑战、机遇与趋势

我不太喜欢给别人的著作作序，认为这有点多余，书中精华自然可以通过阅读萃取。但最近接连收到两次邀请，而且努力写了一点文字。我说服自己接受邀请的理由是，作序不是给读者介绍书中的精彩内容，而是站在自己的角度对书中主题进行呼应，这样的碰撞既有利于阅读，也能对相关话题有所补充。

第一个邀请来自北京师范大学的赵向阳教授，他的大作是《大变局下的中国管理 3：商学院批判与自我革新》，因他的观点与我对范式转移背景下的管理和管理教育的反思相呼应，而且我喜欢他向来充满批判精神的学术风格，故撰写了序"工商管理教育急需颠覆性创新"，借他的"流量"，"兜售"了一点我对工商管理教育的最新看法，供大家批判！

现在又收到我敬佩的企业家也是我曾经的学生薄连明先生的邀请，

为其大作《企业进化论：8 大方法论破解企业成长难题》作序。这次我欣然应允。一是因为我们的师生情，二是因为 20 年间我们断断续续地进行了数次关于管理的对话和探索，三是因为借这个作序的机会，可以进一步"兜售"近几年我对管理转型的思考，与对管理教育的反思和批判相互呼应。

很多年前，我曾沿着从管理理论到管理实践的谱带，将管理领域的人物不严格地划分为管理教授、管理思想家（学者）、管理专家、管理商家、管理实践家。管理教授即那些管理理论研究者和教育者；相较教授，管理思想家（学者）可以超越教学和纯学术范式进行研究和思考，例如著名的管理大师德鲁克先生；管理专家则是指在某个管理领域特别有造诣的人，如战略、财务、人力资源等领域的专家；管理商家是指那些运用管理理论进行企业咨询服务的人，市场上很多管理时尚的背后都有他们的身影；管理实践家是指那些在一线工作的组织或企业的领导者与管理者。

薄连明先生曾是陕西财经学院副教授，后来下海到深圳，参与深航（深圳航空有限责任公司）创业、TCL 全球收购以及重大投资项目运营，他还领导集团、引领科创企业上市、创立企业咨询公司、做私董会导师、到众多名校给 EMBA 上课和参与高管培训，他不仅不断研讨管理思想和理论，而且善于站在理论角度创新管理实践，进而在实践中进行理论提炼和总结，从而获得一些具有参考价值和指导意义的管理模型、方法论等。本书就是他从自己丰富多彩的实践中得到的对管理的反思和总结的汇总。若以刚才所提及的管理谱带的视角看，很难界定薄连明先生是哪一类人，其实他跨越了整个谱带，所以我称其为"管理 X 家"，于是有了本序的名称：来自管理 X 家的声音和结晶。

在管理领域，我一直倡导"研究上要做有实践的理论，行动上要做有理论的实践，教育上要理论与实践互动融合"，考虑到现在数据挖掘和人工智能的快速发展，"还要重视以数据及人工智能支持和升级理论与实践的对话"！薄连明先生的大作其实就是对理论与实践持续对话的总结，作为曾经的操盘手，他站在内部人员的角度揭示了管理的真相，无论复杂系统的解析、机会的捕捉、挑战的应对、困局的突破，还是纠结的厘清、战略的推演、经营的升级，无不透露出非现场人不能够感受到的真实和通透；众多提炼如整体适配论、因果链论、战略推演论、经营循环论、管理循环论、变革论等，无不折射出他的思想和洞见；各种理论与方法总结，如全景管理钻石模型、战略运营绩效闭环、组织齿轮模式等，无不体现着理论与实践深度融合的匠心。相信读者可以"浅入深出"，从自己熟悉的管理情境入场，经由阅读和思考的旅程，带着经验、反思、智慧特别是可借鉴的方法论出来，再走进自己的实践。

管理是一个完全依赖情境的游戏。我在 20 世纪 80 年代进入管理领域，当时的社会经济环境相对稳定，尽管有系统工程、运筹学、信息论、控制论、突变论、复杂系统等理论的支持和促进，中国的管理仍处于学习和引进阶段，理论方法上更强调管理的科学化。1985 年，在科学管理理论的浪潮中，基于对管理环境不确定性、模糊性、复杂性、多变性、稀缺性（UACCS[⊖]）的预判和假设，我大胆地指出真正的管理需要"和"（人性）与"谐"（科学）的互动融合，并创立了"和谐理论"[⊜]，将单一重视科学的管理研究引向"科学设计优化"与"人的能动性致变"的耦合。碰巧的是，预设成真，当下的社会 UACCS 特征日益凸显，加上通用人工智能的加持，人类进入了数智时代，全新的管理被孕育出来，传统的管理研究、实践和教育面临颠覆性的改变。如果我们不智慧地以颠覆性的创新应对，将难以适应和驰骋未来。

第一，数智时代管理范式面临重大转型。数字化、万物互联、智能化引发了一系列社会运行机制的改变，如共享、共生与人机融合等，共享、共生会导致范式转型，人机融合则可以大大释放个人和组织的能量。与权力机制、市场机制相对，我将这些新机制称为数智机制，数智机制正在重塑人类的组织与生活方式，并衍生出多种新型组织形态，如平台、生态等。管理正在围绕行业基于产业互联网进行数智化转型，并在此基础上探索跨边界的资源整合和产业融通，涌现出了形形色色的产业生态。可以说，管理已经步入了生态管理时代。在目前复杂的国内外环境下，要解放新质生产力，真正实现高质量发展，必须从生态视角探索新的组织方式、发掘新的商业模式。只有这样，才能找到经济社会活力的源泉。

第二，生态管理涌现和崛起。粗略地讲，管理的演进可分成四个阶段：传统管理、矩阵管理、平台管理、生态管理。前两者以科学设

⊖ 席酉民 . 管理何为：一个"理想主义"践行者的人生告白 [M]. 北京：北京大学出版社，2022：328-329.

⊜ 席酉民 . 和谐理论与战略 [M]. 贵阳：贵州人民出版社，1989.

计为主导。进入平台管理阶段后，演化、治理的作用持续增强，管理整体上呈现出在平台支持基础上演化的特性。随着平台建设的发展，各种生态逐步涌现，生态管理走向前台，相应的组织结构也日益网络化。过去也曾有组织或管理生态一说，主要是用仿生或生态的方法研究组织或组织群落的管理，而现在的生态管理强调组织内部以及组织间生存方式的生态化、组织运行机理或逻辑的共享和共生、共处与协作的竞合机理和网络治理。生态管理的目标指向生态红利创收，包括共享红利、共生红利和系统红利三部分。

因组织的网络化、业管的数字化、产业的生态化，跨越组织边界的资源共享、业务整合和价值创造成为新的发展模式。过分依赖管控的传统管理面临严重挑战，因为科学设计和优化机制在很多 UACCS 的管理场景下失灵了。新管理强调环境的创建和生态的营造，以让身处其中的所有人都能够释放自己的能量，并通过竞合创造新价值。换句话说，传统管理是以设计为主、演化为辅，而生态管理则是演化占据主导地位。在这样的情境下，传统管理的治理、战略、规划、决策、领导等概念也相应地需要被重新定义，例如领导转向定向、定位和布局，管理强调治理和干预，运行变成博弈、策略和演化，目标侧重生态红利的创获。

第三，管理组织的网络化和平台化。生态管理是在共生规则和环境治理基础上的以价值创造为目标的生态要素间的共处与合作，因此，其赖以生存的组织必然日益网络化、数字化、智能化、平台化。换句话说，管理实践和理论探索亟须研究和构建网络化和平台化组织。组织的基本要素分别是角色、流程和关系，在管理活动相对简单和环境比较稳定时，组织一般角色分明、流程确定、关系清晰，基于专业化分工的科层组织体系可以有效支撑管理活动。但在数智时代，随着环境日益 UACCS 和管理的生态化，组织的发展目标和任务都在快速演化，组织的边界也越来越模糊，各类角色更加柔性、流程非常易变、关系不断调整，进而导致网络和平台组织涌现。

第四，管理生态化需要更多产业家。当需要跨越组织边界整合资源、营造生态、创获生态红利时，传统的扎根于某个具体组织的企业家需要转型为产业家[⊖]，市场上也会涌现出一些产业家。具体来讲，产业家能从一种需求或一个具体的实业入手，利用价值网络迅速撬动相关资源，吸引潜在的伙伴，缔结产业互联网，构建产业生态，从而营造新产业或促进已有产业转型、升级和创新，收获生态红利。在社会范式重塑的时代，要成为产业家，需要有全球视野、宏大格局、生态（多赢）思维，对未来产业发展有敏锐性和前瞻力，有强大的跨文化领导力、创新创业精神、整合能力与融合智慧，能从产业角度看待价值创造，善于重塑商业模式和创新资源整合方式，长于利用现代数字网络和智能技术，创新和运用多种组织方式，孕育与营造产业生态，推动产业生态的创新、升级、迭代和进化，滋养生态并不断创造红利。

目前，全球供应链遭到严重破坏，各国产业都有内向化趋势，似乎都努力构建相对封闭的自循环体系，这有违经济社会发展的基本规

⊖ AMT 企源 . 席酉民：数智时代产业家与生态红利创获 [EB/OL].（2022-04-28）[2024-09-26]. https://www.shangyexinzhi.com/article/4801017.html.

律，因此无法长期持续，而突破的基本逻辑是抓住知识共享、不同文化的交流和相互学习、研究合作、优势互补、相互竞合等人类社会的本质需求。有前瞻力和有格局的产业家不应退缩，反而应该高举国际化、全球化的大旗，通过营造生态，冲破阻力、穿越黑暗、引领未来。

第五，和谐管理是生态管理的利器。生态管理的基本原理是有限干预下的演化，干预的手段主要有发展定向和定位，如明确愿景、确立使命、明辨价值取向，同时构建网络组织，并根据愿景和使命进行战略布局，然后制定博弈策略且视生态演进情况适时在线干预，促使生态向我们希望的方向演进，从而创造和收获生态红利。这种兼顾设计和演化机制，强调布局、博弈策略和在线干预的新型管理迫切需要传统管理理论的升级。诞生于和谐理论基础上的和谐管理理论思想和方法论[⊖]，正好适应生态管理的需要，其基本模式是：①关键领导者通过经验积累、持续学习、不断反思、迭代升华形成对发展的坚定信念，并智慧地将其转化为组织可理解和可传播且易于接受的理念；②形成组织长期发展的明晰定向和基本定位；③谋划高瞻远瞩的战略布局；④营造相应的生态系统和网络组织；⑤在谋划策略和笃定实施的基础上进行持续迭代和动态优化。基于此，产业家或企业领导者和管理者应在坚定信念的指引下准确定位与智慧布局，继而营造相应的生态，并以深谋远虑的策略激发他人做出预期的反应，而不是简单地告诉他人该如何做，从而促进生态向着自己期待的方向演化，并收获生态红

⊖ 席酉民. 和谐心智：鲜为人知的西浦管理故事 [M]. 北京：清华大学出版社，2020：174-177.

利，最终在 UACCS 时代跑赢变化，甚至能动致变、以变制变，引领发展！

　　以上是我对数智时代管理的点滴新认知，希望能与薄连明先生的思想结晶遥相呼应。人类步入新时代，需要新管理、新领导、新实践。生态管理会蓬勃发展，产业家会应运而生，丰富多彩的实践会如雨后春笋般涌现。无论您是管理的哪个"家"，都需要重塑素养体系、认知范式、心智模式、能力与知识体系。特别是在人机合作和共生的未来，人工智能越迭代升级，机器人越智能，技术平台越强大，时代对人的要求就越高，因为只有更强大的人才能发挥这些工具的价值。素养、专业基础、行业造诣、跨文化领导力、企业家精神、产业家的共赢信念和融合智慧正在成为未来管理人才的标配。希望读者、管理界的朋友珍惜千载难逢的转型之机，智慧行动，勇立潮头！

席酉民

西安交通大学管理学教授

西交利物浦大学执行校长

利物浦大学副校长

2024 年 4 月 30 日于西交利物浦大学校园

桥水基金创始人瑞·达利欧（Ray Dalio）是我特别欣赏的一位企业家，他的经典著作《原则》中有一句令我感触很深的话："进化是生命最大的成就和最大的回报。"回望过往的几十年，我深深感受到了这种生命的馈赠。

人生是一场螺旋上升的进化历程

一个人真正的进化，就是洞见自己的不足，逼迫自己走出舒适区，不断拓展自己的能力边界，开辟新的人生曲线，使自己迸发出更强大的生命力。我的人生就经历了这样的进化之路，在这条路上，我不断突破自我的局限，跨越了人生的无数拐点，探索了一个又一个新境界，看到了不同的风景，我的世界也因此变得愈加充盈、丰富。

我人生的第一个拐点是 20 世纪 80 年代初考上大学并接着读了硕

士研究生。对农村的孩子来说，考上大学相当于鲤鱼跳龙门。如果没有跳过"龙门"，今天的我可能还在老家村里养猪。进入大学之后，我的人生画卷才徐徐展开。

自由而丰富的大学生活打开了我的视野，让我从全新的视角看世界。我学的是管理学，对于这个以前从未接触过的领域，我像孩子一样充满好奇。我尽情地遨游于管理学知识的海洋，如饥似渴地汲取营养与能量。持续多年的学习与研究，不断深化着我对管理学的认识，更让我领略到了管理学的魅力。

正因为如此，硕士毕业后，我没有像其他同学那样走出象牙塔，而是选择到西安的一所大学教书。对管理学的热爱、对教书育人的热爱让我对这份工作倾尽全力，28岁时就成了学校里最年轻的系领导。那时没有学院制，系是直属学校的，可以说我在大学教师这份职业上的成就达到了一个小高峰。

但是，我心中仍有一丝遗憾和不安，因为我认为管理应该是知行合一的。管理学是实践性的科学，管理教育者必须是管理实践的能手。如果管理离开了实践，管理的效能就不太可能发挥出来。而在学校里做管理学教学和研究，只局限于理论上的探索，得不到实践的机会。于是，我的心中埋下了一颗做企业、把管理的理论和实践结合起来的种子。

1993年春节，正在筹建中的深航向我发出了邀请。当时的深圳在邓小平"南方谈话"后开始加快改革开放的步伐，来自全国各地的年轻人争先恐后地来到这片创业热土，践行"敢闯敢试，敢为天下先"

的深圳精神。我也被百舸争流的蓬勃景象深深吸引，成为其中一员。这是我人生的第二个拐点，正是从那时起，我走上了企业经营之路，一头扎进了管理实践这片波澜壮阔的大海中。

在深航的 8 年是激情燃烧的岁月，至今仍令我记忆犹新。当时，我和其他两位同事同时被任命为助理总经理（后来我被改任为总会计师），作为领导班子的核心成员，我们被称为"深航三剑客"。我们三个人同龄，按照月份，我排行老二，所以大家都不叫我"薄总"，而是叫我"二哥"。因为我是管理学科班出身，所以深航的管理体系、文化体系、战略体系、激励体系等都是由我牵头设计的。

年轻的深航人"初生牛犊不怕虎"，有干劲、能闯、敢折腾，他们在深航实行了很多行业内开先河的举措，比如：在民航业首创免费上门送票服务；将座位之间的距离拉开，打造"舒适型经济舱"；迎合深圳人的生活习惯，首创中午时分起飞的"黄金航班"……这些举措既颠覆了传统航空公司的习惯，也给整个民航业带来了良性的刺激。因为服务质量高，在"旅客话民航"的满意度调查中，深航连续 5 年排名第一。

当年，在航司合并的背景下，政府曾经想把几个航空公司合并，把小公司合并到大公司里去，把深航并入国航或南航，但调研的时候却惊讶地发现深航在全民航中的资产占比虽然只有 2%，但盈利水平却占到了全民航的 20%，于是决定不再对深航进行合并，而是赋予其独立发展的自由。

1998 年，我得知西安交通大学要在深圳开设一个管理学博士班，席酉民教授要招一名学生。我之前读过席老师的一些文章，知道席老师是我国本土培养出来的第一个管理工程博士，是著名的管理学家。我想，如果要跟随一位老师的话，那我一定要跟最顶尖的老师。很幸运，席老师录取了我，这也成了我人生的第三个拐点。席老师的传道、授业、解惑，帮助我建立起了对管理学的系统化认知，引导我更深刻地领悟到了管理的真谛，更使我坚定了深入管理研究、深入管理实践的决心。

席酉民教授之于我不只是贵人，更是灯塔般的存在。席老师是集管理学家、教育家和企业家身份于一身的人，在国内很难找到第二个这样的人。他是理论与实践相结合的典范，他对我的影响是持续一生的。

转眼到了 2000 年，我的人生迎来了第四个拐点。当时，深航的发展如火如荼，我却发现自己陷入了舒适区，学习力也在下降。而此时外面的世界却发生了翻天覆地的变化：互联网进入蓬勃发展的阶段，带来新的风口，商业模式的变革和创新层出不穷。在这个新旧交替的时代，谁若停止学习，也就停止了成长。

我想，人不可能只爬一座山，哪怕爬到了这座山的顶峰，哪怕山顶的风景再美，也是短暂的。我要跳出舒适区，离开熟悉的环境，到更有挑战性的行业去做新的尝试。恰在此时，深航的股权结构发生了很大的变动，而 TCL 向我抛来橄榄枝，邀请我参与其信息产业的筹建，权衡之下，我离开深航，加入了 TCL 信息产业集团。

在 TCL，我遇到了人生中重要的良师益友李东生董事长，并且得到了全方位的历练。早期，我频繁轮岗，平均半年就要调一次岗，以至于我都习惯了不在办公室放私人物品，调岗通知一下达，拎包就走，第二天就到新岗位就职，先后全面负责过财务、人力资源、运营等方面的工作。

2012年，TCL投产的最大项目华星光电深陷困境，李东生董事长坚持不放弃。我临危受命去管理这家企业。当时，华星光电面临的局面非常不乐观，外部面临剧烈的市场波动和竞争对手的持续打压，内部也忧患重重。危局之中，我遵循"从目标出发的管理是达成目标的最短路径"这一战略原理，把战略与运营之间的因果链连接起来，找到了破局的关键。

我上任100天的时候，集团总部派考察组来华星光电调研。他们惊讶地发现，整个团队的面貌焕然一新，而且，仅仅这100天创造的利润就达到了集团总部给华星光电定下的全年利润指标4.5亿元。半年后，我们一鼓作气地把利润做到了15亿元。

2014年，TCL的营业收入达到了1010多亿元，净利润超42亿元，正式进入"千亿俱乐部"，而这其中华星光电做出了巨大贡献——华星光电当年的营业收入为180亿元，净利润高达22.6亿元，TCL一半以上的净利润都是华星光电创造的。正因为如此，华星光电被称为TCL的"利润奶牛"，而我也被大家送了一个有趣的绰号——"奶牛哥"。

管理华星光电的那些年，我非常欣慰地看到，华星光电不仅完成了从无到有的突破，更实现了从有到强的跃迁，无论经营效率还是盈利能力，都达到了液晶面板行业的世界领先水平。可以说，中国面板产业从跟跑到逐渐领跑的逆袭，有华星光电的一份贡献。

带领华星光电从逆境中崛起乃至创造辉煌的这段历程，算得上是我人生的第五个拐点。在奋斗重生的过程中获得的体会、领悟以及心智上的成熟，对我而言是可遇而不可求的。

2018年，我又离开了十多万人规模的 TCL，加入了光峰科技。光峰科技采用的是谷歌式经营管理模式。创始人李屹博士是科学家出身，他认为领先的技术能力是光峰科技的核心竞争力，也是企业保持长久生命力的根本，因此，他希望把自己的精力全部放在技术研发上，由我来全盘负责公司的管理。这个经营管理模式以及创始团队十几年如一日地死磕一个技术的坚持、执着深深地打动了我。

当然，做出这个决定与我内心深处一直涌动着的创业情怀也有很大关系。当我决定离开 TCL 时，很多朋友都感到很惊讶，说："你已经是 55 岁的人了，应该好好再待 5 年，等到 60 岁在 TCL 退休就算了。"在大多数人看来，到了这个年龄，似乎已经没有必要再去挑战自己了。但我还是希望像以前一样走出舒适区，去挑战，去尝试，去创业。

从 20 世纪 80 年代初期至今，我一次次开辟了新的人生曲线。对我来说，人生就像攀登，其中最美好、最值得回味的不是"会当凌绝顶，一览众山小"的喜悦，而是不断攀登、不断向上的过程。

复杂混沌的商业环境中，企业也需要持续进化

在经营企业的过程中，我渐渐发现，如同人一样，企业这个生命有机体也具有无限的成长可能。对企业而言，进化同样重要。在奔流

不息的时代洪流中，在混沌多变、充满不确定性的商业环境中，进化者破局，止步者出局。

我们看到，在漫长的商业历史长河中，很多曾经创造过辉煌业绩的企业，如柯达、雅虎等，被时代的巨轮远远地甩在了身后，只留下一声叹息。但我们也看到，还有一些企业，如华为、谷歌等，持续进化，不断开创新的生命曲线，经久不衰。

那么，我们该如何看待企业的进化？企业又该如何进化，从而使自己保持持久和旺盛的生命力？这些问题的答案当然不会自动呈现，也不会被轻易发现，而是需要我们在不确定性中寻找确定的路径，从看似偶然的成功中寻找必然的规律，透过复杂的现象抓住企业发展的本质。而这些正是我在 30 多年的管理实践中一直努力在做的事情。

通过对这些本质、规律的探索与深入研究，我总结出了一套使企业不断适应外部环境、进行持续自我进化的企业成长方法论。在企业经营中，我又将这些从实践中总结的方法论应用到实践中，多次引领企业走出困境，走向成功。比如，2006 年 TCL 因大规模的国际并购而陷入困境时，我用我研究的全景管理钻石模型，从政治、经济、文化三方面九个要素出发，像剥洋葱一样对 TCL 进行了全方位的诊断，最后发现，TCL 当时的问题不在于战略，不在于治理结构，也不在于利益机制，而是出在了文化方面。找到根源后，TCL 成立了变革领导小组，李东生董事长亲自挂帅，以文化变革为切入点，推动了整个企业的系统性变革，TCL 由此走出困境，重新获得了持续增长的动力，最终发展为中国制造企业学习的优秀标杆。

现在市面上流行的管理理论、管理方法很多，我的这套系统化的企业成长方法论区别于其他管理理论的独特之处在于：

- 从实践中提炼理论，理论是实践的凝练与升华，具有高度的指导意义。
- 理论反哺实践，推动企业经营管理水平的提升，保证企业价值的实现。
- 实践验证理论，并促进理论不断完善、继续发展。

为了让这套具有特色的企业成长方法论和工具为更多企业赋能，2022年，我创立了深圳明微管理咨询有限公司。作为客户成长的设计师、促进师和陪伴者，我们根据现代企业的特点，综合应用这些方法论，并结合主流管理学理论和实践案例，从目标出发，不纠缠于问题，为客户提供从战略到运营、从组织到文化的全方位管理咨询服务，帮助其达成企业成长的目标，成就企业从小到大的成长之美。

本书的主要内容是什么

这套系统化的企业成长方法论由为解决影响企业进化的8大难题而提出的8大方法论组成。

整体适配论 整体性被裂解是企业经营管理中的常见问题，整体适配论是这个问题的解决之道。整体适配论可以使企业完善其基因系统，将企业打造成整体动态适配型组织，从而发挥出企业作为生命有机体的整体效能。

因果链论　因果链不清是企业中诸多问题的症结，因果链论通过一个战略方程式，帮助管理者厘清因与果之间的关系，从而实现战略与运营的高度契合，企业中的很多问题由此也就迎刃而解了。

战略推演论　战略推演论通过取势、明道、优术三个阶段，帮助管理者找到企业的战略方向，以及达成目标的关键成功要素。这一理论还可以为战略的有效落地提供坚实的保障。

经营循环论　经营循环论构建了战略、运营与绩效闭环的经营循环，使战略驱动运营，绩效促进改善，为企业找到螺旋上升的路径。

管理循环论　管理循环论通过机制牵引、体制保证、文化导向、能力支撑四位一体的管理循环实现管理水平的不断提升。

变革论　作为有机体，企业是有生命周期的，不断变革才能突破生命周期的限制，从一个阶段走到另一个新的阶段。变革是企业进化的必经之路。

齿轮论　齿轮型组织是我在华星光电工作时首创的一种新型组织模式，齿轮型组织内部有许多跨部门、跨组织、跨层级的齿轮小组，它们像机械表里的齿轮一样相互连接、相互耦合、相互传动，而且往往是小齿轮带动大齿轮。使用该组织模式的企业，能最大限度地激发组织的活力。

组织领导力论　组织领导力论强调要将个人的领导力转化为组织的领导力，将组织的领导力上升为企业的核心竞争力，而其中的关键在于集众人之智、借众人之治、达众人之志。

　　瑞·达利欧说过一句特别好的话:"我的最终目标是创建一部运转得极好的机器,我只需在一旁坐享其成。"我的理念与之非常契合,管理者不只是解决问题的专家,管理者在企业实践中所做的一切努力,更是要搭建一部机器,并争取让它运转得极好。这样之后就不必再过多费力,坐在一旁静待美好的事情发生就行。这既是瑞·达利欧的终极目标,也是我在长期的思考与实践中总结出这套系统化的方法论的终极目标。当然,我希望企业不仅是一部能良性运转的机器,更是一个健康的、充满活力的有机体,能在这套方法论的作用下实现自生长、自进化,在充满不确定性的时代里保持蓬勃发展。

薄连明

深圳明微管理咨询公司创始人

西交利物浦大学产业家学院执行院长

北京大学国家发展研究院及汇丰商学院管理实践特聘教授

CONTENTS
目　　录

第 1 章

成长是企业面对
挑战的唯一方法

企业是企业家创造的生命有机体，是一个特殊的物种、一种神奇的存在。每个企业家都期望自己的企业能自运转、自生长。这很难实现，但值得企业家终生追求。

不确定时代的 8 大难题

近些年，我接触了很多企业家朋友，他们普遍比较焦虑。在和他们深入交流后，我发现大部分人的焦虑都是由企业增长停滞、业绩下滑等诸多现象引发的。其实，这些现象的出现是时代的必然。

我们正处于一个转型的时代，随着全球格局的重塑和经济环境的变化，我们过去所依赖的增长红利正在逐渐消失，而新的红利还未出现。于是，国家在转型，企业增长方式也在转型。

大环境带来的不确定性越来越高，想在确定的环境下进行经营已然成了奢望，在不确定性中锤炼韧性、谋求生存与发展成了这个时代的企业的普遍特征。

在这样的背景下，新时代的企业面临很多新的难题，这些难题让企业的发展迷雾重重，让企业的未来扑朔迷离。企业内部存在的种种问题也因外部环境的复杂多变而凸现出来。

我在企业调研时，企业的 CEO 们和我聊起了他们所面对的种种困境和问题：

- 我们有广阔的行业发展空间，有丰富的经验和技术积累，也设计了非常好的业务模式，但企业却没有实现高速增长。
- 战略解码每年做，年初很有信心，但年底总是完不成目标。
- 我们从卖产品向行业定制、提供解决方案转型，但不知道转型后的管理体系跟以前有什么区别、如何搭建，都是想到什么就做什么，没有系统性，只会"打补丁"式地一层层往上加。
- 人员来自五湖四海，都带着过去企业文化的烙印，大家用不同的文化约束自己或进行交流。
- 需要一些专家来告诉我们以及我们的高管"何为正确"。业务上的问题我们和高管们基本可以达成一致，但在非业务问题上却分歧重重。
- 大家都不清楚战略到底如何落地，市场情况一旦不好就把战略抛到脑后，一味地推行降本措施。
- 我们在新老业务上的争议非常大，对于我们的核心竞争力到底是什么一直达不成共识。
- 高管的待遇都是我和 ×× 总讨论出来的，没有跟利润挂钩，对高管们起不到太大的激励作用。公司对高管有考核，但也没有真正影响到大家的待遇。

- 大家都觉得公司没有战略是老板的问题，业绩不佳是销售副总的问题，唯独跟自己没有关系。
- 我们经常讨论人，说谁谁谁不行，却没有讨论事。很多人不解决问题，比如问题来了，大家不是先解决问题，而是先讨论分工，总想把"皮球"踢给别人。
- 董事长给我们定了100亿元的目标，认为我（CEO）应该带领大家完成。我很困惑：我怎么才能做成，权限在哪里？比如，我可以通过并购来达成这个目标吗？
- 我们的战略只是停留在自己的认知上，只知道自己要做什么，没有对行业本质进行洞察。
- 老板说"不需要搞授权，你自己决定就好"，但没有明确的授权，我就得自己判断哪些事情要汇报。这确实很难把握。
- 被批评得多了，大家就不想做决策了，做的多错的多，什么事都听上边决策就好。
- 我们的目标定得太高了，大家很难完成，这样就拿不到绩效工资，有很多员工就干脆躺平了。
- 公司内部没有统一的语言，对于同一件事情，每个人的理解都不一样，沟通成本非常高，信息传达经常出现偏差。
- 公司级经营分析会是按季度开的，没有对标年度目标的差距分析，也没有复盘动作。

- 绩效考核与管理是我们的短板，流程也不清晰。很多制度都是临时救急定的，想想也不可能合理。而且，考核只看当前业绩，激励机制不能牵引公司的长期发展。
- 从销售到产品，团队内部的流程与责任划分比较模糊，已有从内卷向内耗发展的趋势。
- 公司文化是挂在墙上的，考试时会用（默写时一字不能差），但与认同和实践没有关联。而且，公司文化很复杂，大家不知道使命、愿景与工作的连接点在哪里。
- 入职10年以上的老员工较多且处于关键位置，入职3年以内的新人也多，但入职5～10年的员工相对较少，我们需要反思员工流失的原因，也要防止当前的高潜骨干在未来2～3年离开。

这些不过是企业诸多问题的缩影，是企业所面临的困境的冰山一角。在我的调研中，因陷入管理困境而发展停滞的企业比比皆是。我对这些企业所面对的共性问题进行了系统的梳理，将其总结为8大难题：整体性被裂解、因果链不清、外部不确定性、经营循环不闭环、内部复杂性、生命周期律、员工难当责、组织对个人的依赖。

整体性被裂解

企业是一个生命有机体，是企业家创造的一个特殊的"物种"。

作为有机体，整体性是它的首要特征，即构成有机体的各要素、各子系统之间是有机连接、互相协同、有序运作的，并呈现出"总体大于部分之和"的"系统之美"⊖。

但很遗憾，在多年经营企业的过程中，我观察到，很多企业的整体性被裂解了。就像我们日常生活的碎片化一样，企业组织的碎片化也越来越严重。

如果一家企业缺乏整体性，不能将企业内部的各个要素、事物、环节有机连接起来，那它就无法实现整体的协同运作。这样的企业是没有生命力的，因为它既不能把人凝聚到一起，也不能实现资源的有效配置，更不可能获得整体效率最大化。

因果链不清

企业的一切经营活动都是为了取得好的结果。俗话说，有果必有因，但是，企业往往知道经营的结果是什么，对于这个结果是怎么产生的，即原因是什么却不太清楚。

现在很多企业都把复盘当成管理中非常重要的一环，有的企业一年复盘一次，有的企业一个月复盘一次，还有的企业每周都会复盘，这是非常好的管理习惯。我参加过很多企业的复盘会，但是，我发现，大多数企业在复盘的时候普遍存在一个问题：只复盘结果，不复盘原因，导致复盘会变成了汇报会。其作用只是帮助大家了解

⊖ 梅多斯. 系统之美：决策者的系统思考 [M]. 邱昭良，译. 杭州：浙江人民出版社，2012.

企业的经营结果，失去了核心意义。

在这种情况下，企业就会出现因果链不清的问题。因果链不清带来的不良后果是，当企业的经营管理行为得到的结果不尽如人意时，我们不知道未来该如何规避同样的问题；当企业的经营管理行为得到的是好的结果时，我们也不知道该沉淀哪些经验，不知道未来如何再造辉煌。企业不是在"规划结果"，而是在"祈祷结果"，这样得到的哪怕是好的结果，也只是偶然的，不是必然的。

如果失败不能转化为企业的财富，成功不能转化为企业的能力，团队就难以成长，企业也很难持续增长。

外部不确定性

地缘政治博弈加剧、"逆全球化"论调兴起、贸易摩擦频繁发生、世界经济增速放缓……时代在变，世界在变，中国在变，越来越多的不确定性正在产生，并且彼此叠加、相互作用，共振现象明显。

外部不确定性给企业的生存、发展乃至日常经营都带来了很多困扰，企业战略和计划常常失效，企业找到确定的环境、按照既定的战略假设做经营成了小概率事件。因此，很多企业认为没有必要做战略了，"计划不如变化快"嘛！

实际上，正是因为外部不确定性的存在，企业才需要做战略。战略的重要功能就是把外部的不确定性转化为内部的确定性，通过做战略找到自己应该做的事情、确定的事情，坚持做下去，企业才能对冲外部的不确定性。当然，在不确定性中找到确定性是非常困难的事情，但即使再困难，我们也要努力去做，因为这关系企业的未来。

经营循环不闭环

我在企业中特别强调两个"环"的重要性，一个是"循环"，一个是"闭环"。企业的经营管理应该是从战略到运营再到绩效的闭环的循环过程，只有这样才可能实现螺旋上升。然而，我观察了很多企业，发现大多数企业在这方面存在认知误区。

比如，有的企业根本没有"环"的意识，其战略、运营与绩效都是独立的，互相之间没有建立起有效的关联，经营循环就更无从谈起了。还有些企业虽然在形式上形成了闭环，但是某个环节非常薄弱，或者环上的各个节点之间未能实现有效的协同，导致经营循环的整体力量被大大削弱，闭环的价值和作用无法发挥出来。

经营循环不闭环给企业带来很多恶果，比如，企业不能持续创造更大的价值，无法实现可持续发展，更有甚者，会在实现战略目标之前就停止增长。

内部复杂性

在以往的时代，我们所处的世界变化的速度较慢，而且大多是线性变化，演进的方向通常是更大、更强、更多、更好等。在这种背景下，企业不需要过多关注对外部环境的适应性，只需要专注于内部的经营管理，比如提升产品质量、改善用户体验、提高生产效率、降低成本、管理好人力资源等。

但现在，外部环境的变化莫测使企业必须把不确定性纳入经营管理，必须采取各种措施来对抗不确定性。如果一家企业仍然只专注于内部，它可能会在不知不觉中被市场冲击、被时代淘汰。应对外部不确定性的过程使企业内部管理的难度和复杂性都提高到了一个新的层次，组织层级不断增加，业务流程越来越复杂，决策和执行之间的距离也因此被不断拉大。这是企业内部复杂性产生的第一个原因，即在适应外部变化过程中滋生出多个组织层次、多种商业模式、多种流程甚至多种文化。

内部复杂性产生的第二个原因是企业在成长过程中没有进行顶层设计，企业是"野蛮成长"的，各个成长要素要么缺失，要么随意堆砌，构不成一个有机体。

在企业中，**复杂性往往是看不见、摸不着的，但你却能感知到，它存在于每一个流程、每一个环节中**。如果把企业看作一个生态系统，那么复杂性就像肆意生长的杂草，占用了大量的资源，给企业带来很多管理难题，比如能被直观感知到的士气低落、执行力下降、效能衰减等，让很多企业家和管理者备受困扰。

当企业处于这样一种不健康的发展状态时，它在市场上是没有什么竞争力的。所以，企业的经营管理必须从复杂回归到简单有序的状态，这对任何一家企业来说都是巨大的挑战，因为从简单到复杂是一件很"简单"的事，而从复杂到简单却是一件很"复杂"的事。

生命周期律

企业作为一个生命有机体，是有生命周期的。最早提出企业生命周期理论的管理学家伊查克·卡德隆·爱迪思（Ichak Kalderon Adizes）提出了一个详细的十阶段企业生命周期模型，将企业的生命周期分为十个阶段，如图 1-1 所示。

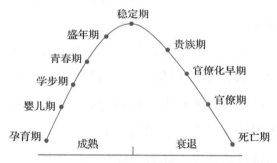

图 1-1　爱迪思的十阶段企业生命周期模型

从图中我们可以看到，企业成长的动态轨迹是一条曲线，下降是这条曲线的宿命。而且，大部分企业会在很短的时间里走完其生命周期的全过程。根据美国《财富》杂志的调查，世界 500 强企业的平均寿命不足 42 年，极少有企业能存活超过 75 年，大企业的寿命通常不超过 35 年。中国企业的寿命更短，2013 年，国家工商总局企业注册局曾发布全国内资企业生存时间报告，其统计数据显示，近五成中国企业年龄在 5 年以下，近 5 年退出市场的企业平均寿命为 6.09 年。

借鉴爱迪思的模型以及人类生命阶段的划分方式，我们通常把企业的生命周期分为初创期、成长期、成熟期、衰退期。在每个发展阶段，企业都会积累很多问题，这些问题如果没有通过变革得到根除与解决，就会在企业中沉积下来，变得越来越难解决、越来越有挑战性，最终使企业积重难返。还有一些企业在初创期的时候做得不错，到成长期发展也很迅速，但还没有进入成熟期市场表现就急转直下，开始走上衰退之路，这也是因为它没有进行自我变革，导致自身不再成长。

可见，企业作为一个生命有机体，与人一样，都难以摆脱生命周期律。但是，人的生命周期中几乎只有一个变量，即"时间"，人会随着时间的推移自然长大、自然变老，自然结束生命。而在影响企业生命周期的变量中，时间的分量很轻，也就是说，企业并不会随着时间的推移自然发展壮大。在企业的发展过程中，每次跨越都是惊险的跨越，都不是自然而然地发生的，都需要外力的作用，都需要变革的推动。

员工难当责

不同的管理者有不同的管理风格，有些管理者总想把所有事情都抓在自己手中，财务要抓，品牌要抓，用人要抓，采购要抓，绩效要抓，甚至连一些无足轻重的小事也要亲力亲为。员工遇到问题的时候也必须先向他请示，得到批示之后才能去做。这就导致员工难当责，只会被动地执行，久而久之，他们就会失去工作的主动性和积极性。

企业的成功来自所有人的共同努力，而员工的努力离不开责任心的驱动。如果员工没有责任心，企业的成功根本无从谈起。

组织对个人的依赖

很多企业的发展严重依赖于组织中的某个人，这个人可能是企业中的能人，更可能是企业的创始人、CEO。

如果依赖的是创始人、CEO等领导者，带来的问题一是领导者的能力瓶颈会成为企业的能力瓶颈，极大地限制企业的发展；二是领导者的个人领导力无法转化为组织的领导力，因为整个团队都依赖于领导者一个人的智慧，没有人帮他分担管理的担子，也没有人主动承担责任，更没有人思考企业应该如何获得更好的发展，群体的智慧完全体现不出来；三是极易在企业中形成"一言堂"，领导者对自己的决策过于自信，不能听取他人的有益意见。领导者的决策一旦失误，就会把企业导向错误的方向，使企业陷入困境。

如果依赖的是能人，企业则会陷入"能人困局"：能人来，经验来，客户来，资源来，企业的运营非常顺利；能人走，经验走，客户走，资源走，企业很可能瞬间崩盘。而且，对能人的依赖还有可能导致企业中"山头林立"。一部分员工以某个能人为核心、以局部利益为基础形成利益群体的现象在企业中并不鲜见，这种"山头文化"往往会把企业搞得四分五裂，甚至会把CEO架空。企业的管理由此变得处处掣肘，变革更是难上加难，因为触碰利益比触碰"灵魂"还难。

　　企业如果不能摆脱对某个个体的依赖，不能打造出一支有凝聚力、有战斗力，能高度协同、充分发挥集体智慧的队伍，其成长与发展就难以为继，甚至会越做越艰难。

　　如果仔细观察，我们会发现，这8大难题在很多企业中都有所体现，有些企业甚至多个问题叠加、交织在一起，形成了管理僵局，使发展背上了沉重的包袱。

企业是持续进化的生命有机体

　　怎么才能解决这8大难题？很重要的一点是，企业要区分两个概念：增长和成长。很多人会把这两者混淆，其实它们是两个不同的概念：增长比较好衡量，规模增长、利润增长等都是增长的体现；成长不太好衡量，成长是隐性的，往往是内在的，企业的成长代表跨越了一个个周期。

　　很多企业在找我做咨询时都急于找到增长的方法，大部分企业所焦虑的也都是增长的问题，如收入增长、利润增长等，企业 IPO 之后面临的增长压力更大，每季度都要公布报表。但企业真正应该追求的，不是增长，而是成长，也只有成长才能支撑企业持续地增长。

　　企业要想获得成长，首先需要将自身视为一个有机体，从整体出发构建起完整的进化基因系统。

企业是各种器官、组织的有机统一体

如同人体，企业是由大脑、躯干、细胞等构成的有机统一体。

我们可以把管理层看成企业的"大脑"，他们从全局出发，制定引领性的目标、战略，为企业把握发展方向，在经营活动中做出符合企业利益的决策，对企业进行统一指挥和综合管理，引导企业向着正确的方向前进。同时，他们还会接收外界传递过来的各种信息，及时响应，对战略、决策和执行策略进行适当的调整。

企业中的各个组织结构，如分公司、事业部、职能部门等则是它的"躯干"，借助"躯干"，企业可以从事各种具体的经营活动。同时，"躯干"还负责向下传达管理层制定的各种战略和决策，对员工进行具体的管理。

员工则是企业的"细胞"，承担着自己所属组织的具体职能，是各种决策的具体执行者。

构成企业这个生命有机体的各个器官、组织虽然各自承担着不同的职能，发挥着不同的功能，但彼此之间存在着紧密的关联，是有机结合在一起的。

企业有生老病死

企业像其他有机体一样，有"生"有"死"，还会经历"病"与"老"。

"生"与"死"很容易理解，就是企业的创立与消亡。

企业的"病"指的是企业在经营管理过程中出现的各种各样的问题，这些问题会对其长远发展造成威胁。人体会因为细菌、病毒的侵袭而生病，同样，企业也会因为受到外部不利因素的干扰出现问题。为了实现新陈代谢，企业与外部的政治、经济、社会文化、行业、竞争对手等种种要素时时刻刻都在发生联系，然而，在获得物质、能量和信息的同时，一些不利因素也会乘虚而入。当然，企业是有自我保护机制和调节能力的，但是，当从外部侵入的不利因素超出了其能力范围时，企业就会生病。比如，当行业中突然崛起一个超级独角兽时，其他企业的生存空间就会受到挤压，有一些企业甚至会因此濒临倒闭。再比如，很多融资中的企业因为信贷政策的调整而遭遇失败，资金链出现问题甚至断裂。

企业也会"老"，爱迪思在他的著作《企业生命周期》中从"灵活性"与"可控性"这两个因素出发对企业的"老化"进行了阐述，在他看来，企业处于青春期时，往往生机勃勃，有较强的灵活性，愿意进行变革，但可控性却不一定很强，所以其行为是无法预测和掌控的。而企业衰退时，可控性变得很强，但越来越欠缺灵活性，更缺乏变革的意愿。

实际上，在企业成长和发展的全过程中，"老化"问题一直存在。只不过，这种老化大多数时候出现在组织的局部，不会给企业带来致命危害。而当老化过程在企业中占据主导地位时，企业就会陷入生命力不断减退的困境，企业的生存也会因此受到威胁。所以，企业在经营管理中所采取的措施在很大程度上是为了减缓老化速度，维持企业这个生命有机体的健康发展。

企业需要新陈代谢

新陈代谢是有机体开展所有生命活动的基础，企业的成长也需要新陈代谢。企业要不断地与外部环境进行物质、能量、信息的交换，从而获得劳动力、资本、技术、数据等生产要素，以满足自身的生产、经营和发展需要，并经过自身的加工改造将这些生产要素转化为产品和服务，为社会创造价值。如果企业不能及时吸收这些营养，就会出现资金链紧张、人才流失、技术落后、市场份额减少等问题。

同时，企业也需要不断更新自己，在技术、管理、文化和品牌等方面及时更新，如果企业做不到这一点，就会落后于竞争对手，失去市场份额和竞争力。

保持新陈代谢可以让企业更好地适应市场变化，保持竞争力，实现可持续发展。

应激应变求生存

当有机体受到来自外部和内部的刺激时，就会做出及时的反应，以适应变化，这种应激性是有机体活动的基本特征。企业也表现出了应激性。为了适应外部环境的变化，企业会制定各种战略，使自己在变化中生存下来。

应激性强的企业，组织会不断优化以保持良好的应变能力，还会形成完善的信息系统，及时获取市场信息和竞争对手的运营情况，及早发现企业内部的经营管理问题和外部的威胁与机会，在最短的时间里对系统做出调整，让自身始终保持活力。

把企业当成一个生命有机体，把它与所处的环境看成一个相互依赖、紧密联系的整体，我们就能从企业生态系统的视角去看待阻碍企业发展的难题，探索企业的发展规律，摆脱思维的束缚，系统地寻求解决之道。

榕树式企业的成长之美

企业这个生命有机体是由企业家创造的，每个企业家都希望自己的企业能自运转、自生长，这很难实现，但值得企业家终生追求。为了探索企业自运转的奥秘，也为了系统地解决企业的问题，我进行了长达30年的管理实践与探索。我发现，每家企业都有自己的成长模式，我把常见的成长模式归纳为以下五类。

- 蜕变式　如同毛毛虫变蝴蝶一样，一些企业在成长到一定阶段后会发生形或质的变化，如IBM、诺基亚等。这一般是在行业发生巨变的情境下的被迫选择，需要经历漫长的演变过程。
- 独木式　产品形态单一，业务聚焦，依靠自身资源，简单可复制，如海底捞、星巴克等。这类成长模式在传统行业中较为多见。
- 苔藓式　业务聚焦，单体规模小，借助资本的力量，快速迭代，并且遍地开花，如瑞幸咖啡等。大多数消费互联网企业的成长模式属于这类。

- **竹林式**　高相关性的多元业务共生（包括价值链上游技术供给相关，或价值链下游客户需求相关），如小米、阿里巴巴、字节跳动、海尔、华为等。大多数大型企业倾向于这一成长模式，这也是最为普遍、备受推崇的企业成长模式。

- **森林式**　低相关性的多元业务共生，如过去的 GE，以及大多数集团型企业，尤其是日本、韩国、东南亚华人企业集团。

不难发现，以上五类成长模式体现了不同的发展维度，包括内生与外生、慢速与快速、多变或巨变与少变或微变、长期与短期、创新与传承以及相关多元化与非相关多元化等。无论学术界还是实践界，围绕以上各个维度的优劣利弊争论没有停止过，尤其是有关聚焦与多元化、大与小、慢与快、创新与传承等的争论。但实际上，这些成长模式（包括各个维度）的优劣利弊不在于模式或维度本身，而在于它们是否与企业自身的资源和能力禀赋条件高度匹配，以及是否与外部市场情境高度匹配。

更重要的是，以上的成长模式（包括各个维度）并不是相互排斥、非此即彼的，而是可以在一定条件下进行一定程度的整合。为此，我提出了一个将以上各个模式加以融合的独特的、全新的模式，即榕树式。

榕树的重要特征是独木成林，根系特别深、特别密，而且树

干特别壮，枝繁叶茂，广州人把榕树作为自己城市的象征，代表长寿、包容、常绿、顽强。我之所以把这个模式命名为"榕树式"，是因为采用这种成长模式的企业能够像榕树一样向下扎根、向上蓬勃生长，既具有长久发展的耐力，又能保持合理的成长速度。这是一种全新的成长模式，尤其适合高科技企业。

光峰科技早期采用的成长模式就是榕树式。光峰科技是一家只有1000多名员工的科技创业企业，有些人之前可能没听说过它，但有两件事情很多人都知道。第一件事情是2019年春晚广东深圳分会场的"未来城市"激光秀，用于"未来交通"的云轨、云巴如同科幻大片般展现在人们的眼前，主持人庞玮、杨帆带着观众在云轨车厢中自由穿梭，感受"未来生活"的科技魅力。这场令人惊艳的激光秀就是由光峰科技用激光投影技术打造的。第二件事情是2019年元宵节当晚，故宫上演了"博物馆奇妙夜"，太和门变身3000平方米的巨幕，霓虹闪耀，人们恍惚之间仿佛回到了几百年前的紫禁城。为人们创造画中游故宫体验的也是光峰科技。这种美学艺术的极致展示，源自光峰科技十几年来向激光显示技术领域纵深发展的求知与探索，以及对长期价值的不懈追求。

有一次，中国社科院和中央党校的几位专家学者组团到光峰科技调研，我问他们为什么选择来光峰科技，当时他们说，中国改革开放的历史要看深圳，而对深圳来说，改革开放40年的历史要看招商蛇口，30年的历史要看华为，20年的历史要看腾讯，10年的历史要看光峰科技和大疆这类高科技企业。

光峰科技的迅速崛起呈现了其榕树式成长模式。光峰科技的核心业务是激光显示，虽然产品的市场应用场景很多，但"根"却只有一个，即独有的激光显示技术，"主干"也只有一个，即作为激光光源器件的激光引擎，"枝叶"则体现为多个应用场景的产品。

——

榕树式成长模式基于以下三个重要逻辑。

第一，找准根基原点。

找准根基原点是构建榕树式企业的首要任务，找到原点之后就要把根深深地扎下去。这之所以重要，是因为原点是企业长期发展的起点，决定了企业未来的方向。但是，从哪里找原点却是个大问题。从眼前的竞争出发，则是加入满足现有需求的竞争者行列，这类似"红海战略"；从未来的价值出发，则是去满足人类未被满足的需求，这类似"蓝海战略"。虽然找准根基原点非常困难，但这正是企业家精神的最大体现，是企业创始人能够做出的核心贡献。

第二，主干转化。

培育、强化主干支撑是构建榕树式企业的第二项任务，因为主干是根基原点的发展转化，必须足够强壮、不断壮大。为此，企业需要定期剪枝去叶，不断强化主干，帮助主干吸收根部营养，同时为枝叶提供成长支撑。如果说找准根基原点主要是企业创始人的核心任务，那么培育、强化主干支撑则是企业高管团队包括职业管理人的核心职能。

第三，枝繁叶茂。

基于根基与主干，企业应该不断延展市场应用场景并拓展客户，形成气根，气根可以反哺主干，促使企业枝繁叶茂。

为了有效实现榕树式成长模式，企业在其发展过程中要坚持"三大主义"。

（1）价值主义　企业存在的核心价值就是创造顾客价值，满足市场尚未被满足的需求。对高科技企业而言更是如此。

（2）技术主义　在当下这个数智化时代，企业尤其是高科技企业应坚持科技属性与创新驱动，更多投入到从0到1的颠覆式创新中。科技创新非常伟大，起点应该是从技术出发，推动商业模式创新，而不是反过来。

（3）长期主义　企业需要长期主义，要有"十年磨一剑"的韧性。这对于高科技企业尤其重要，因为高科技企业的投入大、周期长、风险高，需要一定时间的积累，拼短跑势必输给短期主义导向的投机型企业。

坚持这"三大主义"，榕树式企业方能从小到大，厚积薄发，尽显企业的成长之美。

企业成长的8大方法论

榕树的成长不是一蹴而就的，要初步形成独木成林的景观，往往需要几十年甚至上百年的时间。同样，要想使企业这个生命有机体如同榕树一样茁壮成长，也需要不断地进行经营管理赋能，使其持续进化，乃至基业长青。

为此，在长期的思考与实践中，我不断探索，寻找企业这个庞大、复杂体系的管理脉络，并由此总结出了一套系统化的企业成长方法论。这8大方法论分别是：整体适配论、因果链论、战略推演论、经营循环论、管理循环论、变革论、齿轮论、组织领导力论。

这8大方法论分别对应着当下企业所面临的8大难题，如图1-2所示，它们可以有的放矢地攻克这些难题，从而拨开管理问题的迷雾、找到真正的成长突破点。

图 1-2　企业成长的 8 大难题与 8 大方法论

整体适配论

整体适配论是为了发挥企业作为生命有机体的整体效能而提出的。企业遵循整体适配论来构建组织结构，可以把组织打造成整体动态适配型组织，从而有效地解决整体性被裂解这个难题。在第2章，我将详细阐释这一理论。

因果链论

因果链论是企业管理破局的关键，因为找到因果之间的联系，企业中的很多问题就能迎刃而解。通过一个战略方程式，我找到了因与果之间的有效关联，实现了战略与运营的高度契合。在第3章，我对这一理论进行了深度阐述，并以翔实的实践案例引导大家认识并使用战略方程式，从而破解因果链不清的难题。

战略推演论

战略推演论的提出是为了将外部的不确定性转化为内部的确定性。通过取势、明道、优术三个阶段，就能找到战略的方向和达成目标的关键成功要素，并且使战略有效落地，详见第4章。在国内，我是最早将战略推演的方法应用于企业实践的人。我在TCL时就使用了这一方法，当时大家还给我起了个外号叫"薄推演"。

经营循环论

经营循环论将战略、运营与绩效形成有效的闭环，构建了"战略驱动运营，绩效促进改善"的经营循环，从而为企业找到企业经营螺旋上升的路径。这是第5章的主要内容。

管理循环论

企业内部的复杂性可以通过优化管理循环来应对，由此我总结出了管理循环论，通过机制牵引、体制保证、文化导向、能力支撑四位一体的管理循环实现管理的螺旋上升，详见第6章。

变革论

企业要想突破生命周期的限制，实现可持续发展，变革是一个绕不开的话题。变革论能帮助企业家在企业中推进大规模的变革，从而带领企业穿越周期。希望第 7 章关于变革论的阐述能够帮助越来越多的企业突破生命周期的限制，不断创造未来。

齿轮论

齿轮论是我在华星光电工作时首创的一种管理方法论。齿轮论的目的是发挥员工的积极性，通过企业中各个齿轮的相互耦合，以小齿轮带动大齿轮，激活组织活力。在第 8 章，我对齿轮论进行了详细阐述。

组织领导力论

企业要摆脱对个人的依赖，就必须将个人的领导力转化为组织的领导力，将组织的领导力上升为企业的核心竞争力。这正是组织领导力论提出的初衷，也是第 9 章的要义，而打造组织领导力的关键在于集众人之智，借众人之治，达众人之志。

8 大方法论之间的内在逻辑关系，可以用图 1-3 中的"一体两翼"模型来表示。"一体"就是"整体适配论"，解决企业的顶层设计问题，为企业成长奠定基因基础。"两翼"指的是两个动态的循环，一是经营循环，为企业成长提供战略驱动力；二是管理循环，为企业成长注入组织驱动力。它们也是两个飞驰的"砂轮"，不断打磨中间的全景管理钻石模型。在整个理论体系中，这两个循环相当于人体的"任督二脉"。"考核与激励"是经营循环最后的节点，也是管理循环的起点。无论因果链论、战略推演论、经营循环论、管理循环论，还是变革论、齿轮论、组织领导力论，都是为了促进这两个循环的良性运转。

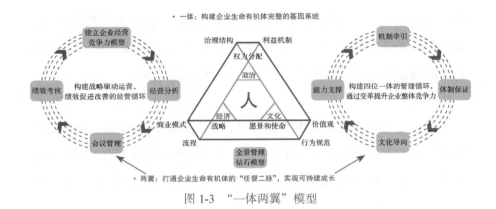

图1-3　"一体两翼"模型

　　这8大方法论相互联系、相互协同，共同指向企业这个生命有机体的健康成长与持续发展，是企业在充满不确定性的时代中蓬勃发展、不断进化的利器。

　　放眼未来，在企业经营管理8大方法论的支撑下，优秀的企业将不断地进行转型升级，在每个成长阶段稳中求进，完成破茧成蝶的完美蜕变，实现企业价值最大化。

CHAPTER 2

第 2 章

整体适配论：
构建整体动态适配型组织

全景管理钻石模型告诉我们：企业作为生命有机体，构成要素一定要完整，否则就是基因缺失，无法正常进化；在要素相同的情况下，如果结构不同，功能就不同，犹如钻石与石墨。优化结构就是优化进化机制。时代在进步，企业要随着时代的发展不断升维各要素并优化结构，只有这样才能成为时代的企业。

整体动态适配型组织才是有效的组织

有一次，我跟一位企业家交流，他说总感觉他的企业"支离破碎"，各个管理层、各个部门各自为政、各行其是。我告诉他，有这种感觉的企业家绝不是个例，整体性被裂解是很多企业的共性痛点，企业的经营管理因此呈现出严重的碎片化、分裂化和隔离化。

- 各个管理系统相互撕裂、冲突，无法发挥其应有的作用。
- 各部门的分工很明确，但"部门墙"却越来越厚，导致严重的管理撕裂。
- 不同部门的交叉地带出现管理"黑洞"，责任无人承担，大家互相推诿。

- 业务流程很完善，但始终得不到理想的流程输出结果。
- 企业的所有业务都得到了管理，但仍会在关键环节出问题，等等。

如果一家企业里各个部门使用的是不同的系统，利益与目标不一致，信息和数据不共享，沟通语言不统一，企业是不可能实现有效协同的，企业的资源一定会被严重浪费，企业的整体效率也一定是极其低下的，各个层级的管理人员和员工都会因为无休止的内耗而身心疲惫。更严重的是，所有人都会追求局部利益最大化，忽视甚至损害企业的整体利益。

看到企业中出现这样的问题，我相信，所有企业家都会非常痛心。对于如何破解这些难题，很多企业都在进行探索。比如，有些企业致力于建设扁平化组织，以打破"部门墙"；有些企业为了有效地进行信息共享，引进了数字化工具；有些企业利用 ERP 系统、BPM 系统等梳理业务流程体系……虽然这些举措也能产生一定的效果，但是，这种孤立地解决某一问题的思路往往治标不治本，很可能"按下葫芦浮起瓢"。

管理学家彼得·圣吉（Peter M. Senge）在其著作《第五项修炼》里提到，当企业遇到问题时，管理者提出的解决方案既有"根本解"，也有"症状解"。"症状解"很快就能消除问题的症状，看似效率很高，但只在短期内发挥作用，而且通常还会带来加重问题的副作用，使问题更难得到根本性的解决。而"根本解"是彻底解决问题的方法，只有通过系统思考，看到问题的全貌，才能发现"根本解"。

我们要认识到，企业中的所有问题都不是单独存在的，彼此之间有着紧密的关联，互相影响，互相制约，甚至牵一发而动全身。比如，企业的绩效评估出现问题，从表面上看可能是由绩效考核不合理、目标管理不当导致的，但实际上，问题的根源或许要追溯到组织能力建设的欠缺上；企业中某一部门的年度计划未能完成，问题可能出在战略目标的拆解上，也可能出在绩效考核不合理上，还可能是因为用人不当；而企业投资部门的投资效率低、投资业绩差，根本原因或许不在投资部门本身，而是企业不合理的股权结构导致的。

所以，我们在解决问题时要打破孤岛，从整体入手，进行系统性思考。只有把企业当成一个生命有机体，为企业构建起完整的进化基因，重构其成长模式，才能找到"根本解"，找到真正的破局之道。

基于此，我提出了整体适配论。整体适配论的目的在于将企业打造成整体动态适配型组织，这样的组织才是有效的组织，是有竞争力的组织。

那么，什么样的组织才是整体动态适配型组织？回答这个问题，我们要从它所包含的三个关键词讲起。

第一个关键词："整体"

商业管理界公认的"竞争战略之父"迈克尔·波特（Michael Porter）认为："整体作战比任何一项单独活动都来得重要与有效，竞争优势来自各项活动形成的整体系统。将有竞争力的企业的成功归因于个别的优势、核心竞争力或者关键资源都是极其错误的。试图模仿整个运营活动系统的竞争对手，如果仅仅复制某些活动而非整个系统，最后收效必然甚微。"整体性对企业的意义由此可见一斑。

我们可以举一个简单的例子来理解整体性的重要性。对一辆汽车来说，哪个零部件是最重要的？有人认为是发动机，因为发动机技术含量最高、最能体现车的性能；有人认为是刹车系统，因为一旦遇到危险，能够及时将车停下来是人身安全的重要保障；有人认为是轮胎，因为车辆在高速行驶中如果轮胎爆裂很可能会造成生命危险；也有人说是倒车镜，虽然价格不高，但如果没有它们，车辆在变道时很可能发生事故；等等。这些说法听起来都很有道理，但实际上，"在一个系统中什么最重要"这样的问题本身就是一个伪命题。在非线性的关系中，组成系统的任何一个要素都有可能引起系统的质变或突变，所以，对一辆汽车来说，没有一个零部件是不重要的，而其整体性是最重要的。

企业也是如此。每个企业都拥有自身独特的文化、资源、能力、管理方式等，只有将它们有机地、有效地整合到一起，形成一个整体，才能充分发挥它们的能量和作用。在企业孕育、成长、成熟乃至衰退的整个过程中，在每一个环节、每一个行为中，整体性都发挥着重要作用。没有整体性，企业这个生命有机体就不存在了。而且，企业的整体性越强，其发展能力、风险抵御能力以及竞争力就越强。

第二个关键词："适配"

关于适配，迈克尔·波特曾经进行过阐述，"所谓战略，就是在企业的各项经营活动之间建立一种配称"，"战略配称是创造竞争优势最核心的因素"。

他把适配分为三个层次。第一个层次的适配是指企业中各项经营活动（或各业务部门）与企业整体战略之间的简单一致性。第二个层次的适配是指各项经营活动之间的相互强化。第三个层次的适配，超越了各项经营活动的相互强化，被称为"投入最优化"。比如，休闲服装零售商 Gap 认为，确保店内产品的可获得性是保障其战略顺利实施的至关重要的因素。因此，Gap 通过门店库存管理以及从仓库补货来保证产品的供应。Gap 对这些活动进行了优化，它几乎每天都会从三家仓库中选择一些基本款服装来进行补货，这样可以让店内库存最小化。

我将组织的适配理解为各个构成要素之间的适配，适配性强意味着企业能够形成更紧密的整体，实现更有效的协同。

第三个关键词："动态"

同自然界中的生物一样，企业这个有机体也是不断进化的。为了适应动荡、多变的市场环境，企业不断地对自身进行调整，并随着时间的推移持续演变进化。这是一个动态的过程，与之相应的，企业的组织也应该是能动态适配的。

尤其是在如今这个充满不确定性的时代，企业每天都面对着大量变化：市场在变，客户需求在变，供应链在变，竞争对手在变，技术在变……在这种背景下，组织的动态适配性变得更为重要。动态适配性强，意味着企业有很强的应变能力、适应能力和创新能力，能快速地调整企业的战略，能敏捷地响应市场变化、满足客户需求，能及时抓住商业机遇，形成持续性的竞争优势。

　　把企业当成一个整体，用整体性的观点和方法来认知、构建、经营、管理组织，才能使企业从根本上实现组织效能的不断提升，铸就企业的核心竞争力。

以全景管理钻石模型打造钻石型企业

　　整体动态适配型组织应该如何构建呢？早在 2006 年，我就提出了一个全景管理钻石模型，如图 2-1 所示。

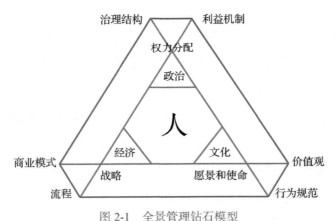

图 2-1　全景管理钻石模型

　　列夫·托尔斯泰在《安娜·卡列尼娜》的开篇语中曾经写下一

句话："幸福的家庭都是相似的，不幸的家庭各有各的不幸。"同样，成功的企业都有相似的内核，不成功的企业有各自不成功的原因。我们把成功的企业叫作钻石型企业，它的基因模型是三角形的，其内核由政治、经济、文化组成，并由此演化为三个基因组。

第一个基因组是政治基因组，包括治理结构、利益机制、权力分配。政治解决的是权力和利益的问题，对企业而言，布好局、分好权、分好钱是根本的动力源。

第二个基因组是经济基因组，包括战略、商业模式和流程。其中，战略解决企业方向的问题，商业模式解决盈利的问题，流程则能使企业有序、高效运营。

第三个基因组是文化基因组，包括愿景和使命、价值观、行为规范。文化是企业最深层次且不易察觉的发展动因，它看不见摸不着，却无时无刻不在影响企业。文化既是企业经营结果之因，也是各项经营管理活动之果。

在多边形里，三角形是最稳定的结构，在企业经营管理中，由政治、经济、文化组成的三角形基因模型则为组织的稳固发展提供了坚实的支撑。

政治：企业的动力源

哲学巨擘亚里士多德在《政治学》中将政治学定义为研究国家之善的学问，即探讨如何组织和安排人类的社会生活，以达到最高的善（或幸福）。如果离开了政治，今天的人类可能还生活在原始洞穴当中。对企业而言，政治的重要性也不言而喻，它是企业的动力源。

很多企业在没有动力时常常会首先调整战略和做企业文化，但往往效果一般。它们没有认识到，企业真正的动力源来自政治，如果政治出现问题，企业就会失去动力。

企业成长动力不足的常见表现为：

- 老板给员工打工，员工不当责，"当一天和尚撞一天钟"、斤斤计较、"躺平"。
- 副总在做经理的事，经理在做主管的事，管理向下错位。老板和高管无法向下授权，认为"授权等于弃权"，不管不问等结果。
- 决策难以达成共识、分歧大。议而不决、讨论了一遍又一遍，导致决策得不到有效落实与贯彻。
- 干多干少差别不大，利益机制与模式单一，难以激发高管及员工的积极性。
- 组织架构无法支撑战略达成，主要问题包括责权利不对等、因人设岗、职责交叉或空白、各个部门没有拉通等。

具体来说，企业政治主要包括三个要素：治理结构、利益机制和权力分配。

治理结构

企业是一种组织，是组织就必然有治理结构。企业的治理结构通常指的是所有者和经营者之间的制度安排，以及一级代理人和二级代理人的授权关系安排。比如，在集团公司中，总公司是一级代理人，其下属的分支机构，如事业部、子集团等，则属于二级代理人，一级代理人和二级代理人的授权关系安排就属于治理结构的范畴。

治理结构存在的重要意义，是解决因所有权与控制权相分离而产生的代理问题。这是因为，在企业中，拥有所有权的是企业法人财产的所有者或所有者代表，他们追求的是财富最大化。他们可能不会直接经营，而是委托职业经理人在授权范围内代理经营企业法人财产。

所有者和经营者的总体目标是统一的，都希望企业不断发展壮大，但在利益分配、承诺兑现等方面时常会出现分歧，比如，所有者希望以较小的代价实现更多财富，而经营者却有自身的利益考虑；所有者更看重企业的长期利益，而经营者往往着眼于短期利益。正因为如此，治理结构聚焦于分权和制衡，公司的决策机制、约束机制和激励机制都是由其决定的。

科学合理的治理结构能协调企业内各利益群体的关系，保障企业的各项制度充分发挥作用，实现资源配置的最优化和整体效率的最大化。

利益机制

不同的治理结构，决定了不同的利益机制。利益机制指的是如何在内部分享利润、对资产剩余所有权进行追索等。好的利益机制能实现利润共享、风险共担，激发企业的内在驱动力。

权力分配

权力分配从本质上说就是资源分配，企业内部的很多冲突与矛盾都源于资源分配不合理，而权力分配可以通过权力体系带动资源的走向。

治理结构、利益机制和权力分配都是为了做好公司治理而存在的，其目的在于有效分配公司的控制权和剩余索取权，从而有效配置公司的人、财、物等资源。做好公司治理，就迈出了公司管理的第一步。

那么，如何考量企业的治理结构、利益机制和权力分配是否合理有效？企业家或者管理者可以问自己以下"十问"：

- 企业对股东与企业经营层之间的关系是否做了合理安排？
- 企业的治理结构是否完善且分工明确？
- 控制和管理层级是否精简、适度？
- 责任和权力是否匹配？
- 母子公司（或 BU[⊖]）的管控模式是否有效？
- 企业决策层能否向经营层传达清晰的战略目标和要求？
- 企业决策层与经营层能否就企业短期利益和长期利益的平衡达成共识？
- 企业决策层和经营层能否很容易地就企业重大决策及最佳举措达成共识？

⊖　BU 是指业务单元，并不是某个特定部门的名称。企业里一般都会有不同的部门，在一些小型企业或初创企业中，每个部门都是一个 BU。

- 企业对相关利益者的需求是否足够敏感？
- 企业是否已经设计出了长期有效的激励与约束机制？

企业家或者管理者可以按 1 ～ 10 分给每个问题打分，如果不同意就偏向 1 分，如果非常同意就偏向 10 分，如果基本同意就打 5 分，分数的高低可以直观地体现出企业政治的合理有效程度。

经济：企业持续稳定增长的基石

企业是经济组织，经济是企业持续稳定增长的基石。我们经常看到以下导致企业无法实现持续稳定增长的现象。

- "流浪汉"现象　企业缺乏战略规划，运营就像"脚踩西瓜皮，滑到哪里是哪里"。
- "追星族"现象　看到别的行业、别的企业的战略获得成功，便盲目跟风。在是否进入新行业的问题上，缺乏独立判断，热衷于跟风、人云亦云。
- "游击战"现象　缺乏战略定力，易被短期利益左右，企业经营就像游击战，"打一枪换个地方"，结果企业"不是在运动中消灭了敌人，而是在运动中消灭了自己"。
- 把老板的意志当作战略　战略只是老板或公司个别高管的事，其他管理者或员工不关心、不知道、不参与、不执行。
- 见树不见林　企业容易片面强调短期的财务指标，导致长期发展得不到保障，在实现短时期的"绩优"后迅速迷失方向，增长停滞。

● 过度依赖个人英雄　企业经营严重依赖一两个核心人员，个人英雄成为企业增长的瓶颈。

企业经济也包括三个要素：战略、商业模式和流程。

战略

关于战略，日本"经营之圣"稻盛和夫给出的定义是，要先树立一个高目标，然后构思一条通往这个目标的路径，最后根据经济环境和遇到的情况做相应的调整。我非常认同这一观点，在我看来，战略需要回答四个问题。

一是"**企业从哪里来**"。企业靠什么生存，靠什么在市场上立足？

二是"**企业现在在哪里**"。企业的定位是什么？处于市场的哪个位置？目标客户群是谁？客户有什么需求？企业的产品和服务能否满足客户的需求？如何才能更好地满足这些需求？

三是"**企业到哪里去**"。企业的目标和愿景是什么？企业应根据外部环境变化趋势和自身条件选择什么样的发展方向？

四是"**企业如何去**"。企业怎么才能实现自身的愿景？需要采取什么样的经营策略？需要打造出什么样的竞争优势？需要对商业模式进行何种创新？需要制订什么样的计划？

企业战略至关重要，它能为企业指引方向，使企业找到成功的底层逻辑与关键路径，正如《大学》中所说，"物有本末，事有终始，知所先后，则近道矣"。

商业模式

商业模式是企业利用内外部资源满足客户需求，创造客户价值，从而使利润最大化的核心逻辑和运行机制。简单来说，商业模式是指企业通过什么方式来实现盈利。

不同的要素组合形成了不同的商业模式，但万变不离其宗，无论企业的商业模式是什么，其本质都是有关企业如何赚钱、现金流如何产生、成本如何分担。好的商业模式能使企业获得持续稳定的收益，还能为企业打造出一条宽阔的、奔流不息的护城河，帮助企业抵御市场的冲击和外来的竞争。

流程

无论战略的执行还是商业模式的实现，都离不开流程。流程是企业这个生命有机体的"经脉"，企业中的所有业务都需要通过流程来运作、驱动，价值创造的各个环节也是通过流程并联或串联起来的。从这个角度来说，**流程是为价值创造而生的**。

通过战略、商业模式和流程，经济可以充分发挥其作用：引领企业走向正确的方向，使企业在适应市场需求的基础上获利，以高效的流程创造价值。

企业政治维度的核心是考量企业是否具备有效的治理结构及利益机制，而企业经济维度的核心则是考量企业是否主动思考战略、受其约束和牵引并通过合适的商业模式和流程去实施。

企业家或者管理者可以按 1 ～ 10 分对以下"十问"进行打分，以判断企业经济的安排是否合理。

- 企业是否有明确的战略和长期计划？
- 战略和长期计划的信息传递是否有效？
- 战略和长期计划是否有强执行力做保障？
- 企业的各项作业是否与战略相互关联？
- 管理层能否兼顾短期利益和中长期利益？
- 企业的商业模式是否清晰明了？
- 企业是否建立了通畅的管理流程？
- 企业的商业模式和流程能否随市场变化与客户需求进行有效调整？
- 企业是否明确自身的成功要素及核心优势？
- 企业是否采取了不断强化其核心竞争力的措施？

文化：企业成长的土壤

文化是企业成长的土壤，文化不同，长出的果实往往不同。"橘生淮南则为橘，生于淮北则为枳"，同样的商业模式和管理方法在这个企业有效，却不一定适用于另一个企业，就是因为每个企业的文化土壤不同。

企业文化影响企业成长的现象很多。

- 过度的"家文化"　过度强调"以和为贵"，关系导向而不是结果导向，职业化程度不足，无法实施绩效管理。
- "山头林立"　"山头主义"严重，老板基本被架空，各个山头只关注小团队利益，不关心公司整体和长远目标。

- "一盘散沙" 各自为政，每个组织成员向不同的方向各自努力、各做一套，公司无法形成力出一孔的执行力。
- "寸草不生" 公司无法引入和保留优秀的职业经理人，"铁打的营盘流水的兵"，企业始终无法建立干部梯队。

企业出现这些现象，归根结底是因为企业的"土壤"不行。

企业文化同样包括三个要素：愿景和使命、价值观、行为规范。

愿景和使命

愿景是企业对未来的设想，也是对"要成为什么样的企业"的回答和承诺，体现了组织永恒的追求。

一个卓越高效的企业一定是靠愿景来驱动的，愿景会影响、赋能企业中的每一个成员，当所有人的工作都紧紧围绕着愿景进行时，目标的实现就成了水到渠成的事，企业的持续发展也就有了支撑点。比如华为的愿景是"把数字世界带入每个人、每个家庭、每个组织，构建万物互联的智能世界"。华为上下，从任正非到普通员工，都在为这个愿景努力，所以华为才能成为世界上最强大的通信设备制造商和国内外市场的领导者。

稻盛和夫曾说，愿景和目标是企业实现梦想的力量源泉，让企业的愿景成为全体员工的愿景，强大的力量就能发挥出来，企业也会产生巨大的能量。

使命告诉别人企业存在的目的是什么，阐述了企业应承担的责任与义务，以及企业能为客户提供的价值。

人要时常思考"为什么活着"，否则就会活得浑浑噩噩，企业也是如此，如果企业没有使命，不知道自己为什么而存在，就找不到立足的根本。而对使命的追求会产生一种巨大的力量，正是这种力量让一个企业持续成长，从无到有，从弱到强，从小到大，甚至最终发展成为世界级的大型企业。

企业的使命通常是稳定和长久不变的，愿景则可能随着企业的发展适当调整和迭代。

价值观

企业怎么才能实现愿景和使命呢？非常重要的一点是，要有全员共同遵守的做人、做事、做产品、做服务的原则、规则和标准，要有共同坚守的价值取向和基本信念，这就是价值观。

价值观是企业衡量人、事、物的标准，是评价组织中是非、好坏、善恶的标准，它能让企业中所有人都清晰地认识到哪些行为是被期待的。

价值观能激发全体员工的责任感、荣誉感、工作热情以及创新精神，由表及里地约束、引导和激励全体员工的行为乃至整个企业的行为，为企业的生存、发展提供澎湃的动力。

行为规范

价值观塑造行为，在一个企业中，通过价值观对员工的思维方式和行为进行引导，最终将会形成员工对外、对内的行为准则和尺度，也就是行为规范。行为规范反映了企业独特的思维方式和做事方式，它不仅表现为规章制度、行为标准等成文的规定，也表现为企业中约定俗成、心照不宣的传统、习惯和禁忌。无规矩不成方圆，企业只有拥有明确的行为规范，才能实现组织的规范化、制度化和标准化，对员工产生感召力和约束力，打造整个组织的凝聚力和战斗力。

企业文化的强弱优劣往往会在企业遭遇困难的时候得到检验，那么，怎么衡量一家企业是否已经打造出良好的企业文化？企业家或者管理者同样可以通过对以下"十问"打分来判断。

- 企业是否有清晰明确的愿景？
- 员工是否对企业愿景有清楚的认识？
- 员工是否清楚企业的使命并真诚地付诸行动？
- 企业价值观是否有明确的行为指引？
- 企业是否愿意牺牲眼前的利益捍卫其价值观？
- 员工是否清晰地知道企业的行为规范？
- 企业能否根据客观标准和有效程序评定员工的表现与绩效？
- 企业是否从上到下真心看重内部的合作？
- 企业是否鼓励员工分享技能与经验？
- 员工之间的沟通是否顺畅而有效？

纵览全景，企业的治理主要通过政治、经济和文化来进行，它们又延伸出九个要素。这九个要素不是孤立存在的，而是彼此关联、相互影响的，把它们连接起来，形状就像一个钻石，正因为如此，我把这个分析框架命名为"全景管理钻石模型"。我们用一个更详细的图来展示这个模型，如图 2-2 所示，这也是企业的基因图谱。

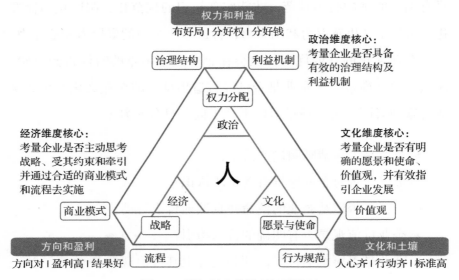

图 2-2　详细版全景管理钻石模型

我尤其要强调的是，大家不要忽视位于模型中心的这个大大的"人"字，人是最重要的，因为一切选择都是由人做出的。在企业经营管理过程中，千万不要忽视人的作用，一定要以人为本，充分发挥人的主观能动性。

要素匹配是钻石，要素不匹配是石墨

说到"钻石"，这个模型还有一个内在的含义。钻石和石墨都是由碳元素组成的，但是钻石晶莹剔透、坚硬无比，备受人们的追捧，甚至成为永恒承诺的象征，而石墨却又滑又软、黑乎乎的，价格便宜，不受人重视。同样是碳元素组成的，为什么待遇却有天壤之别？造成这种现象的根本原因在于，钻石和石墨的碳原子结构不一样。由此可见，结构非常重要。对企业来说，结构也能起到决定性的作用。同样是政治、经济、文化，同样是九个要素，不同的组合和匹配关系形成了不同的企业结构，也就有了不同的企业发展道路与命运。

比如，同样的企业政治，嫁接了不同的文化，最终的结果会大不相同。如果企业文化和政治不匹配，结果往往不尽如人意。西方很多先进的管理方法和流程移植到中国很难奏效，中国的经验和做法照搬到西方也常常难以被接受，就是因为企业文化与政治、经济不相适应、不匹配，无法产生好的效果。在这里，我还想就此话题进行一下延伸：我之所以特别重视钻石模型中的政治维度，即治理结构、利益机制及权力分配，是因为这是中国企业尤其是中国民营企业不能缺失但却特别容易忽视的要素。

TCL 在 1997 ～ 2004 年每年都实现了超过 40% 的复合增长率，发展得相当顺利和迅速。我认为，原因正是企业的结构非常合理——TCL 的政治、经济和文化的各个要素都设计得非常有效。

首先，在政治上，TCL 率先解决了治理结构与利益机制方面的问题。TCL 最初是做盒式磁带的国有企业，到 1997 年，净资产已经从借款起家累积到 3 亿元，销售收入超过 50 亿元。然而，就在这时，李东生董事长领导的经营班子发现当时的体制已经无法对员工产生足够的激励，企业后续发展乏力。

让老国企焕发新生机，激活体制机制的活力，一直是国企改革的一大难题。为了解决这个难题，李东生董事长在当时提出了一个既能满足企业发展需要，又能满足国有资产管理要求的改制方案——"增量转股"。这个方案的基本思路是在界定资产总额的基础上对每年的资产增量进行考核，期限为5年，考核基数环比递增。资产基本增量全部上交国家，而超额增量部分则进行二次分配，原则是政府拿大头，经营班子在完成考核指标后按一定比例计算奖励，但他们得到的利益不能马上兑现，要先转成公司股份。因治理结构的变化，TCL建立了一个长效激励机制。这之后，TCL如同坐上高速列车，发展迅猛。到5年之后的2002年，TCL的国有股份在保值增值的前提下已经稀释到了60%多，现在，TCL已经演化成混合所有制的民营企业了。

治理结构和利益机制的变化是起点，由此带来的战略上的变化也在TCL的发展过程中发挥了很大的作用，它们共同造就了TCL的一路高歌猛进。我有个同学在2000年去了深圳一家与TCL同行业的国有控股企业做副总经理，该企业当年的销售额是100多亿元，比TCL还多了好几个亿。但10多年以后，TCL的年销售额达到了1100多亿元，那家企业还是100多亿元。之所以会出现这样的差别，一个重要的原因是治理结构带来的战略选择不一样。比如，2004年，TCL因为国际化并购遭遇了很大的危机和亏损，那家企业的一位领导很庆幸，觉得自己没搞国际化是明智的。但到现在，TCL海外业务的收入已经占其全部营业收入的六成以上，而那家企业还守着国内市场，年销售额还在100亿元徘徊，这就是治理结构不同进而战略选择不同导致的。

同时，TCL还选择了恰当的商业模式，比如，1996年，TCL进军彩电业，当时采用的是"先店后厂"模式，即先做销售，积累客户和资源，市场做到足够大时才收购工厂，建立自己的制造基地，这使TCL的发展始终有充沛的资金和资源支持。另外，创业时期所倡导的企业家精神让TCL形成了敢于冒险与创新的文化。

内部要素的互相匹配，加之高速发展的外部环境所带来的增强效应，让TCL进入了发展的快车道。

——

由此我们可以看出，在全景管理钻石模型中，要素之间的适配性尤为关键。正因为如此，构建整体动态适配型组织的核心要求是以人为本，根据企业的战略方向，配置相应的机制设计，改善企业的文化基础，并不断检查三者的协调性和强弱平衡。

那么，如何判断各个要素之间是否做到了适配？我们可以通过以下"十问"来进行思考。

- 企业有没有把愿景转化为可以实施的战略？
- 企业是否做到了根据业务的优先顺序分配资源？
- 企业是否有战略推演和检讨的机制？

- 企业最近的治理举措和行为是否不存在与战略重点不协调的地方？
- 组织结构是否有助于改善治理和战略决策的制定？
- 企业是否有有效的机制和流程来保障价值观的履行？
- 企业激励方案是否不会以某种方式鼓励或容许不可接受的不道德行为或不法行为？
- 企业决策层是否不以股价表现而是以长期战略因素作为评估标准？
- 企业领导人能否全力以赴地提高公司的治理水平、战略能力和发展文化基础？
- 企业是否主动推动文化变革以适应战略发展和治理结构变化的需要？

对于以上十问，如果答案大多是肯定的，说明政治、经济和文化的各要素之间是匹配的。如果答案大多是否定的，说明政治、经济和文化的各要素之间是不匹配的。要素匹配的企业是"钻石"，不匹配的企业就是"石墨"了。

比如，就"企业有没有把愿景转化为可以实施的战略？"这一问题而言，愿景属于文化要素，战略属于经济要素。把愿景转化为可以实施的战略，表明文化跟经济相关联；如果没有把愿景转化为可以实施的战略，就意味着文化和经济割裂了。

再比如，就"企业是否有有效的机制和流程来保障价值观的履行？"这一问题而言，机制属于政治要素，流程属于经济要素，价值观属于文化要素。如果答案是肯定的，说明政治、经济、文化匹配，答案是否定的则说明不匹配，相互分离。

从理论上说，我们可以拿这个模型去分析任何企业。在给企业做诊断时，用这种结构化的方式去分析，对企业的透视就相当全面和准确了。当然，需要提醒的是，不能头痛医头、脚痛医脚，必须分析问题是出在政治、经济还是文化上。只有经过仔细地分析评估，才能找出企业真正的问题。

要素应随着时代不断升维

通过全景管理钻石模型，我们可以发现企业缺了哪些要素。成功的企业都是钻石型企业，而不成功的企业往往在某个要素上是缺失的。企业要想成长，首先要有完整的基因图谱，每个要素都要随着时代的进步不断升维。

我们之前将企业与人进行了类比，发现两者有很多相似之处，比如都有生命周期，但也有很大的不同，比如人在诞生时基因就是相对完整的，但没有一家企业在诞生那一刻就拥有了完整的基因，企业的基因都是在成长过程中逐渐变得完整的。如果一家企业在经历了一段时间的成长后基因仍然不完整，那就意味着企业的成长受到了阻碍，甚至陷入了停滞状态。

"没有成功的企业，只有时代的企业"，刚听到张瑞敏先生这句话时，我认为他是在谦虚。仔细琢磨之后，我觉得他说出了非常重要的真理：并不是随着时代的发展企业自然就能成为时代的企业，有可能企业的各要素还停留在上一个时代。只有随着时代的进步，不断调整企业基因，重构成长模式，企业才能成为时代的企业。

具体来说，企业重构就是升维全景管理钻石模型的各要素并优化其结构，尤其是要对阻碍企业发展的要素进行重点调整与改善，补足企业的"短板"。

这里我们用"A"和"A+"来区分企业的两种状态，"A+"为时代的状态，"A"是非时代的状态或者说跟不上时代的状态，企业只有从 A 状态进化到 A+ 状态才能成为时代的企业。

企业政治的进化如图 2-3 所示。

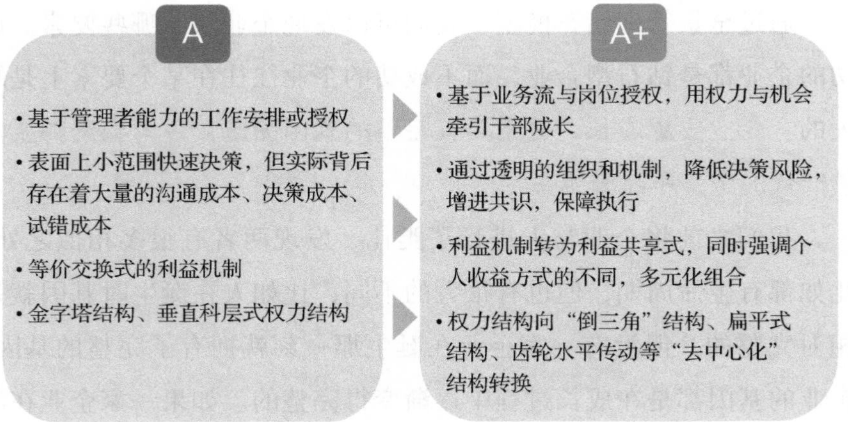

图 2-3   企业政治的进化

A 状态的企业大多采用的是等价交换式的利益机制，即按劳分配，而 A+ 企业则往往采取利益共享式的利益机制，强调企业中每个人的收益计算方式可以不同，有些人按劳分配，有些人按知识产权分配（按知分配），有些人按劳、按知和按资多元组合分配，这样的利益机制才是完整有效的。

企业经济的进化如图 2-4 所示。

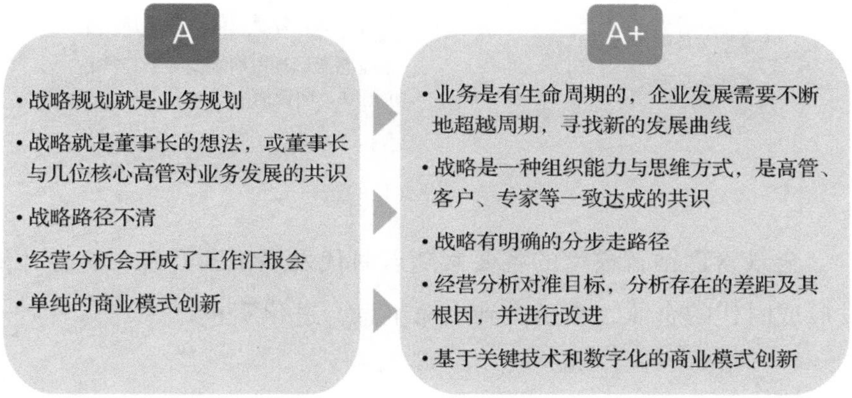

图 2-4　企业经济的进化

很多企业的经济处于 A 状态，如企业进行的是单纯的商业模式创新，而时代的企业通常处于 A+ 状态，即企业开始进行基于关键技术和数字化的商业模式创新。单纯的商业模式容易被超越，而基于关键技术和数字化的商业模式却能为企业建立护城河，形成竞争壁垒。

企业文化的进化如图 2-5 所示。

A 状态的企业是自然生长型文化，员工被动执行，强调个体的不可替代性，这个状态的企业不叫时代的企业，而 A+ 状态的企业（时代的企业）是愿景驱动型文化，员工愿意担责，愿意分享，企业愿意牺牲短期利益维护其核心价值观。

图 2-5　企业文化的进化

　　全景管理钻石模型的各要素随着时代发展不断升维，企业才能发展成时代的企业，真正做到生命不息，进化不止。

TCL 如何重构成长模式

　　全景管理钻石模型是我在 TCL 时研发的一个分析框架，2006年，TCL 利用这个分析框架对集团进行了重构，使它重新获得了发展的动力。这是全景管理钻石模型应用于企业重构成长模式的一个鲜活案例，读懂这个案例，我相信大家对全景管理钻石模型的理解会更加深入，运用起来也会更加得心应手。

　　2004 年 TCL 整体上市后，李东生董事长将目光锁定在了欧美战场，先是投入巨资并购了法国汤姆逊的彩电业务，又大手笔收购了法国阿尔卡特的手机业务。这两起大规模的国际化并购一举将 TCL 推向了世界舞台，但也让公司陷入了严重的危机。2005 年及

2006 年，TCL 连续两年出现巨大的经营亏损，前 20 多年的积蓄险些耗尽。一时间，TCL 由巅峰跌至谷底，甚至一度被推到生死边缘，外部公信力下降，内部士气也严重受挫。当时，在公司的 BBS 论坛上，很多员工开始议论 TCL 是否具备国际化的能力、企业内部是不是出现了一些问题。

面对困境，集团上下进行了很多研讨和争论。2006 年 5 月，李东生董事长召集公司的 20 多位核心高管一起开战略研讨会，探讨导致国际化并购受挫的最主要的问题是什么。大家你一言我一句，从早上八点讨论到下午两点半，却一直没有得出一致的结论。

我实在坐不住了，站起来说，这样讨论下去，永远讨论不出结果，因为大家没有按结构化的思维来分析问题，都从各自的视角来看，非常发散。李东生董事长问我：应该怎么办？我便向他们介绍了我独创的全景管理钻石模型。

李东生董事长非常认可这一模型，并让我来主持后续的讨论，我带领大家从企业政治、经济、文化三方面以及其所包含的各要素之间的匹配度对 TCL 进行了全方位的诊断与分析评估。

当时，我让各位高管按照企业政治、经济、文化方面的"十问"为 TCL 打分，企业表现越好，分数越高。然后，我把各位高管的打分汇总起来，取平均值，得出最后分数。

当时，企业政治的最终得分是 61 分。大家给"企业对股东与企业经营层之间的关系是否做了合理安排？"打了 9 分，给"企业的治理结构是否完善且分工明确？"打了 8 分，这说明大家都认为

TCL 的治理结构没有出现问题。而针对"母子公司（或 BU）管控模式是否有效？"这个问题，大家普遍认为并不十分有效，打了 4 分。另外，大家给"企业是否已经设计出了长期有效的激励与约束机制？"打了 4 分，这说明 TCL 在这方面是存在问题的。TCL 于 1997 年实行国有资产的授权经营后，建立了一个非常有效的股权激励机制，但是 2004 年公司整体上市后，这个激励机制就不起作用了——从市场中引进的职业经理人大多没有股份，该激励机制对他们无法起到长期有效的激励作用。由此，在企业政治上，我们得出的最后结论是，TCL 在母子公司管控模式、长期有效的激励和约束机制上出了问题。

企业经济的最终得分是 62 分。针对"企业是否有明确的战略和长期计划？"这个问题，大家认为有，而且是清晰的，打了 8 分。"企业的商业模式是否清晰明了？"这个问题的得分比较高，是 7 分。但对"战略和长期计划的信息传递是否有效？"，大家打了 5 分的低分。另外，"企业的各项作业是否与战略相互关联？"也得了 5 分。这说明公司战略和信息的传递不到位，各项作业和战略的相关度比较低，战略和运营出现了脱节。

企业文化的最终得分是 56 分，分数最低。其中，对"企业是否有清晰明确的愿景？"这个问题，评估之前高管们普遍认为是有的，但是实际得分只有 5 分。在内部做企业文化的推演时，我问了好几个人"公司的愿景是什么？"，大家的回答都不一样。这说明大家对企业的愿景并没有达成共识，因此 TCL 无法通过愿景调动大家的积极性，这就是当时集团的问题所在。另外，"员工是否对企业愿景有清楚的认识？"只得了 4 分，"员工是否清楚企业的使命并真诚地付诸行动？"这个问题的得分也只有 4 分。尽管 TCL 一直在倡导企业文化建设，但实际上，随着国际化进程的不断推进，企业文化的核心内容和企业价值观都在发生变化，变得不明确了。

除了分别对企业政治、经济和文化进行评估，我们还评估了这三者之间的适配度。因为全景管理钻石模型不仅强调企业政治、经济、文化的各要素，还强调它们之间的关联和结构。企业政治、经济和文化三者需要不断调配，达到最好的配比结构。评估下来，组织的适配度只有 53 分。比如，"企业是否有有效的机制和流程来保障价值观的履行？"这个问题的得分低于 5 分，"企业是否有战略推演和检讨的机制？"的得分只有 5 分。评估结果表明，当时的 TCL 变革的可持续性不高。

我们花了两三个小时，像剥洋葱一样按照全景管理钻石模型对 TCL 的问题进行一层层分解、分析，最后得出了一个一目了然却出人意料的结论：TCL 当时最大的短板不在战略，不在治理结构，也不在分配机制，而在文化。

问题的根源已经非常清晰了，接下来，应该从哪里入手去化解这场危机？虽然我们一直强调企业的整体性，但真正解决问题时，不可能从企业政治、经济和文化三方面同时发力，必须找到一个切入点，这个切入点要和企业自身的实际结合起来，不同企业的切入点是完全不同的。

依据当时大家的分析结果，高管们一致认为要从企业文化入手。过去 20 多年，为了适应国内市场的高速发展，TCL 的企业文化是机会导向的。但是当公司整体上市、开始国际化并购后，这种文化就跟不上企业的发展了。而且，TCL 在创造辉煌业绩的同时，积累了很多难以改变的不良文化，比如"诸侯文化""山头文化"和机会主义等。正因为如此，TCL 在国际化进程中才会出现愿景不清晰、沟通不到位、价值观没有得到有效贯彻的情况。

虽然企业文化的变革难度非常大且成功率低，而且企业越成功，历史越长，变革的难度就越大，但我们还是决定选择企业文化作为变革的切入点。在大家都有呼声和紧迫感时，文化的变革往往是最有力和最具有持续性的。

这次会议后，TCL 马上成立了变革领导小组，李东生董事长为组长。下面还设立了推进小组，我被任命为小组长。我们从公司的愿景出发，推导出了新的企业文化体系。

形成文化体系后，我们在公司内部进行了大规模的宣传和沟通。李东生董事长在公司内部论坛上发表了系列反思文章《鹰的重生》，借用鹰在 40 岁时脱喙、断趾、拔羽重获新生的寓言故事，号召全体员工团结一心走出危机，并且详细阐述了企业的愿景、使命和价值观。TCL 的愿景是，成为受人尊敬和最具创新能力的全球领先企业；TCL 的使命是，为顾客创造价值，为员工创造机会，为股东创造效益，为社会承担责任；TCL 的价值观是，诚信尽责、公平公正、知行合一、整体至上。在文章中，他还呼吁各级管理干部和全体员工积极参与这场文化变革，就企业的愿景、使命、价值观达成共识，并落实到工作中，以此凝聚人气、唤起激情、树立信心，建立共同的价值观念和行为准则。李东生董事长的系列文章在公司内部引起了广泛共鸣，使员工们深受鼓舞，为这场文化变革做了一次深入的动员。

紧接着，TCL召开了第一次推进小组联席会议，这次会议将TCL的行动纲领归纳为"三改造、两植入、一转化"。"三改造"是指改造流程、改造学习、改造组织，从头开始，把TCL打造成学习型组织；"两植入"是指将TCL的核心理念植入人才评价标准和用人体系，植入招聘和考评体系，总之，要将理念植入管理的土壤；"一转化"是指把企业的愿景和个人的目标结合在一起，使其转化为组织和员工共同的愿景，从而使员工获得源源不断的动力。

为了让员工们更深入地了解这次文化变革的内容，公司内刊《TCL动态》的编辑团队进行了大量报道，将"三改造、两植入、一转化"的文化变革行动纲领和"鹰的重生"的变革思想及时、准确地传递给全体员工，这对员工与管理层保持战略目标的一致性起到了积极作用。

企业文化简而言之，就是共同的经历、共同的感受孕育出来的共同的思维方式和行为。为此，我们组织了1万人的誓师大会，在会上，多位高管分享企业文化变革的理念，与员工们沟通愿景，凝聚共识。我们还组织了150位核心高管参加"延安行"户外拓展活动，当时，大家每天都要进行高强度训练，只能睡三四个小时，徒步到南泥湾时，基本无路可走，要靠自己慢慢摸索前进……四天三夜的共同经历和感受让大家的心完全凝聚在了一起。

当时，我还思考了一个问题：文化变革落地的关键在于执行力，整个企业变革创新的关键也在于执行力，那么，执行力来自哪里？我认为，公司中层管理者是放大企业执行力的杠杆，因为他们是管理与文化融合的关键节点。于是，我提出了"赢在中层"的理念，围绕这一理念，TCL推出了针对中层管理者的"精鹰工程"，由核心高管担任导师，通过导师培养、轮岗训练、参观体验等多种学习方式对中层管理者进行培训。"精鹰工程"要求极为严格，学员在长达1年的学习培训中需要不断接受阶段性考核，如果考核成绩不合格，2年内都不予提拔。之所以这么严格，是因为这些人才是TCL的希望，关乎企业的未来。

这之后，我们又对"精鹰工程"进行了复制，启动了针对高层管理者的"雄鹰工程"、针对基层经理人员的"飞鹰工程"以及针对刚入职大学生的"雏鹰工程"，形成了"鹰之系列工程"人才培养体系。一系列的培训活动大大提升了员工的执行力。

从2006年6月到2006年年底，我们一直在围绕企业文化变革做努力。2007年，公司的士气明显回升，激情需要胜利的肯定——企业需要盈利。至此，我们开始调整商业模式，制定高于行业水平的激励政策，进行全员绩效考核，并推行新的品牌战略，年底又调整了组织架构和集团管控模式。这一系列调整使各产业和业务群的经营管理效率得到大幅度提高，还推动了集团职能的转型。集团

"鹰之系列工程"和"质量创新工程"也使企业在人力资源管理能力和质量管理水平方面取得了长足进步。

通过这一轮变革，TCL 不仅从危机中走了出来，还重新获得了发展的动能，2007 年第一季度就扭亏为盈，之后销售额一路狂飙。2014 年，TCL 正式迈入千亿俱乐部，成了民营企业全球化的先行者和中国制造企业学习的优秀标杆。

2018 年年初我离开 TCL 时，李东生董事长特别感怀，破例让公司发文感谢我长期为公司做出的巨大贡献。他说我的第一个贡献就是 2006 年在公司国际化并购最困难的时候推动了一场以文化变革为切入点的变革活动，最终使 TCL 转危为安。

从全景管理钻石模型来讲，TCL 走的变革路线是从文化到经济，再到政治，以文化来牵引企业变革，实现破局重生。如果采用其他方式，变革可能没有效果。因为在严重亏损时，如果不能把大家的紧迫感激发出来，不能把共同愿景清晰地定义出来从而凝聚共识，企业可能就真的倒下了。

当然，企业需要根据自己的具体情况选择变革切入点。我们研究了国际上诸多实现成功变革的企业，发现它们的变革切入点各不相同。比如，1993 年李健熙领导三星"新经营运动"时也是从文化入手的，他的"法兰克福宣言"宣称"除了老婆孩子不能变，其他都要变"，然后才在 1997 年进行大规模的组织调整和国际化。杰克·韦尔奇在 GE 就任 CEO 时则是从经济入手，提出了"数一数二战略"，然后才提出了"无边界组织"的文化再造。可见，选择变革切入点很重要，这依赖于对企业问题的系统性诊断。在变革论中，我还会对这一点进行深入阐述。

2009年，我们对100位集团内部各级管理者（包括高层管理者、中层管理者和基层管理者）进行了调查，让他们再次对TCL的政治、经济、文化打分。我们发现，通过这次整体变革，TCL在政治、经济、文化三方面以及三者的适配度上都有显著的进步。调查结果显示，2006～2009年，企业政治的得分从61分上升到82分，企业经济的得分从62分上升到80分，企业文化的得分进步更多，从56分上升到83分，而适配度的得分从53分上升到83分。如果60分算及格，70分为良好，80分及以上就是优秀了。

这就是全景管理钻石模型重构企业成长模式的实践过程。每个企业成败的缘由都有所不同，但我相信，每个企业成败的经验都值得借鉴。对中国企业而言，TCL在变革中所遵循的新认知——整体思考、全景管理更有价值。

运用全景管理钻石模型做企业诊断

在复杂多变的商业世界，不只TCL会因遭遇严重危机而迫切需要变革，还有很多企业由于各种各样的原因发展停滞。而当经营者想要拨开迷雾，找到导致企业陷入经营困境的具体原因时，往往会产生数不胜数的困惑。

企业的问题究竟出在哪里？这是每一个经营者都想搞清楚的。

而全景管理钻石模型恰好可以帮助企业经营者对企业进行诊断，系统且全面地识别企业问题的根因，避免头痛医头、脚痛医脚，同时也可以避免无序的"打补丁"式改善。

接下来，我们以 A 公司为例，看看如何运用全景管理钻石模型做企业诊断。

A 公司正在从卖产品向提供整体解决方案转型，有清晰明确的愿景和使命，也非常愿意在正确的战略发展方向上投入资源。但是，由于缺乏与战略适配的利益机制和有效的商业模式，A 公司在战略落地过程中执行乏力，甚至出现了战略与运营相脱节的现象。为了找到问题的根源，A 公司找到我，希望我对其进行诊断。

我先在高管团队中做了问卷调查，要求高管们对全景管理钻石模型的九个要素进行打分，最终得分如表 2-1 所示。

表 2-1 A 公司问卷调查最终得分

	要素	满分	实际得分	平均分
政治	治理结构	100	56.27	55.16
	利益机制	100	54.21	
	权力分配	100	55.00	
经济	战略	100	63.32	61.42
	商业模式	100	58.99	
	流程	100	61.95	
文化	愿景和使命	100	73.30	69.65
	价值观	100	69.91	
	行为规范	100	65.75	

根据问卷调查，我们对 A 公司的政治、经济和文化有了初步评估。

- 政治：总体平均分最低、3个单项分排末尾，需要公司寻找根因、重点改善。

- 经济：评分相对均衡，战略与流程获得的认可度相对较高，但在战略转型、客户需求变化的过程中未能把自身核心竞争优势及时转化成市场效益。

- 文化：总体平均分最高，但愿景和使命与其他要素的相关性明显较低，需要公司缩小战略与运营之间的距离。

由此，我找到了A公司的问题所在：在向提供整体解决方案转型的过程中，缺乏以客户为核心的治理结构和利益机制。在我们的引导下，A公司确立了自己的变革目标，即建立"以客户为导向，以解决方案能力为支撑"的经营管理体系。

为了实现这一目标，A公司分别明确了在政治、经济、文化三方面以及"人"这一核心上存在的问题，并确定了改进思路以及具体的调整方案。

政治

在企业政治上，A公司存在的问题是组织架构复杂，缺少明确的统管运营的责任人及组织，导致能力与经验难以沉淀，而且未能从关注短期的、提成式的模式转变为关注长期的、持续耕耘的利益机制。

为此，A公司的改进思路是：

- 治理结构　打造面向客户的项目型组织。

- 利益机制　将"按单取酬"的短期激励模式调整为牵引团队

勇于开拓新业务、愿意进行长期耕耘的长效激励机制。

- 权力分配　强化面向客户的一线决策，激发一线员工的主人翁意识。

调整方案是：

- 鉴于公司已在转型中启动了变革工作并于当年 3 月实施了事业部制组织管理模式，因此，此次优化不对组织管理模式做重大调整，主要聚焦于在现有管理基础上进一步理顺体系，明确各体系的经营责任，清晰责任人。
- 在现有的事业部和营销平台矩阵式运作的组织模式基础上，优化关键角色 SR（方案经理）和 AR（客户经理）的协作关系。
- 在绩效管理体系中适当引入 OKR（目标与关键成果法），强化日常运营过程管理。
- 向一线作战单元清晰传递公司的战略导向。

经济

在企业经济上，A 公司存在的问题是在战略转型的过程中，模式与流程的相应调整系统性不足，未能完全落地。

改进思路是：

- 战略　从卖产品向提供整体解决方案转型。
- 商业模式　从机会狩猎转向客户经营。

- 流程　从商机驱动转向客户全价值链条管理。

调整方案是：

- 优化战略解码，推动战略解码切实落实到日常经营管理动作中，实现闭环战略经营循环。
- 系统梳理全业务流与模式打法，并通过组织保障该项工作长期持续完善。
- 加强市场前端的战略洞察，使各"战区"对所处市场的战略机会有更好的洞察，提升其战略落地能力。

文化

在企业文化上，A公司存在的问题是原有的文化未能有效支撑企业从机会狩猎向客户经营转变、从短周期的向长周期的商业模式转型，并且未能有效转换为行为规范。

改进思路是建立客户导向、长期主义的企业文化。

调整方案是：

- 进行企业文化共创。
- 强化文化与行为规范的关联，在文化的基础上对行为规范进行梳理。

人

A公司在"人"方面存在的问题是人才培养体系无法为转型提

供助力。

改进思路是加强人才培养体系的建设。

调整方案是：

- 推　完善人才培养体系，为员工提供成长平台和晋升通道。
- 拉　优化任职资格体系，牵引员工的职业发展和能力提升。
- 优先关注 AR 及 SR 的能力提升。

由此可见，运用全景管理钻石模型对企业进行由表及里、抽丝剥茧的诊断，能够把企业分析得清清楚楚。诊断清楚了再对症下药，就能让企业的问题迎刃而解，使企业更快地走出危机，实现可持续发展。

第 3 章

因果链论:
厘清因果链,洞察复杂系统

企业经营实践中存在两大痛点：一是战略和运营的脱节，战略找不到落脚点，运营找不到方向；二是战略、运营与绩效没有形成有效的闭环，找不到螺旋上升的路径。只有树立正确的管理哲学观，才能有效地解决这两个痛点。树立正确的管理哲学观也是企业家认知的升维。

企业困境背后的因果链

因果链不清的问题存在于很多企业，但是，企业家们往往认识不到这一点，更看不到因果链对于企业经营管理的重要性。

我们都知道，企业是一个系统。所谓系统，就是由多个相互关联、相互作用的要素组成的整体，这些要素通过一定的规则和关系相互联系、相互连接、相互影响，由此实现一定的功能或者达成一定的目标。在一个系统中，某个要素的变化或某个事件的发生会引起其他要素的变化或其他事件的发生，这就形成了一条条因果链。

在系统中，因果链发挥着非常重要的作用，首先，它能帮助我们理解系统的行为和性质。因果链描述了系统中各个要素之间的相互作用和影响，通过对因果链进行分析，我们能识别出系统中的关键因素和关键环节，发现问题的本质和根源。

其次，因果链能指导系统的管理和优化。对因果链进行分析，能够帮助我们制定更加全面、有效的管理策略和优化方案。比如，在供应链管理中，通过分析因果链，企业可以优化供应链的流程和效率，降低风险。

最后，因果链还可以用来预测系统的行为和变化。前面提到过，系统中一个要素的变化会引起其他要素的变化，所以，我们对因果链进行分析，就能预测某个要素的变化或某个事件的发生会对系统造成什么样的影响，这能帮助我们为企业制定更合适的长远规划和战略。

简单来说，因果链解决的是"为什么"的认知，让我们在企业经营管理中能"知其所以然"，然后有的放矢、形成正向的增强回路[⊖]，让企业发展速度变得越来越快，并且始终保持良好的增长势头。

很多卓越的企业之所以大获成功，一个很重要的原因就是厘清了企业的因果关系，为企业建立了完整的因果链，并在运营中不断对其进行完善和优化，由此建立了长久的竞争优势。

　⊖　增强回路（reinforcing loop）是系统动态行为中的一种重要结构，指的是当某个因素发生变化时，该变化又会反过来增强导致变化的原因，从而引发更大的变化。增强回路的作用是在某些情况下引导系统加速发展，推动系统朝着某个方向不断前进。增强回路可以分为正向增强回路与负向增强回路，即我们常说的良性循环和恶性循环。了解和管理增强回路的作用和影响，对于理解和掌握系统动态行为的规律以及保持系统的稳定性和可持续性具有重要意义。

举个例子，亚马逊公司赖以生存和发展的"增长飞轮"从本质上来说就是一条因果链。

在创立初期，亚马逊并未立即取得巨大的商业成功，甚至连年亏损。2001年，亚马逊创始人杰夫·贝索斯邀请管理学专家吉姆·柯林斯到公司的内部会议中分享管理经验。在这次会议上，吉姆·柯林斯向亚马逊的高管们介绍了他的"从优秀到卓越"理论以及"飞轮效应"概念，贝索斯深受启发。后来，他把"飞轮效应"应用到亚马逊的业务模式中，形成了著名的"增长飞轮"。

亚马逊的增长飞轮是由多个环节组成的闭环系统，每个环节之间都存在因果关系，能够互相促进和加强。在增长飞轮中，亚马逊通过与供应商谈判、降低运营成本等方式使产品价格维持较低水平，并通过7×24小时客服、方便的退货服务等不断提高客户服务质量，确保消费者在购物过程中有更好的体验，从而吸引更多的消费者，获得更大的流量。消费者的不断增多和流量的持续提升，又为亚马逊带来了越来越多的第三方卖家，商品也随之变得更加丰富、多样化，消费者可以在亚马逊上找到大多数他们需要的东西。大量第三方卖家的进驻，意味着更大的销售规模和更多的销售渠道。更大的销售规模和更多的销售渠道，则意味着供应链会得到优化、成本会继续降低，从而使商品的议价空间更大、客户服务更好。

就这样，如图3-1所示，更低的价格、更好的体验带来了更多的顾客、更大的流量，更多的顾客、更大的流量吸引了更多的卖家、更多的商品，更多的卖家、更多的商品产生了更大的规模、更多的渠道，更大的规模、更多的渠道又带来了更多的顾客、更大的流量，各个环节相互作用、相互增强，形成了一个连续的因果循环。每个环节都可以引导和促进另一个要素的增长，从而形成正向增强回路，使亚马逊不断扩大规模、提高效率、优化客户体验，进而实现持续的增长。

图 3-1 亚马逊的增长飞轮

凭借增长飞轮，亚马逊在电子商务领域中取得了巨大的成功，成为全球最大的在线零售商之一。

值得一提的是，亚马逊的增长飞轮并不是一成不变的。随着科技的不断进步、消费者需求的变化，亚马逊持续地调整和改进自己的增长飞轮，从而更好地应对市场的变化和挑战。

————

成败得失，往往是因果相依的。能把因果关系搞清楚并将因果链应用于企业经营，企业的发展方向一定会更明确，企业也更容易坚持做正确的事，最后得到的结果通常都不错。

战略与运营的契合贵在知行合一

在企业经营管理中，最重要的因果关系是什么？是战略和运营之间的因果关系。

在企业经营管理中，有两个互相对应且高频出现的词，一个叫"战略"，一个叫"运营"。战略和运营的脱节往往是企业经营过程中最大的痛点。这是我观察很多企业得出的一个结论，也是我过去在管理实践中经常遇到的问题。这种脱节主要表现为企业制定了长期的目标和计划，但这些目标和计划与具体行动之间缺乏有效的连接，导致执行不力，无法实现预期的效果。战略与运营的脱节会给企业带来极大的恶果，使战略找不到落脚点、运营找不到方向。

对大部分人来说，判断企业的战略和运营是否脱节是一个难题。其实，当企业出现以下迹象时，就说明战略和运营之间已经无法有效连接了。

- 战略目标和运营结果不一致。比如，企业的战略目标是将自己的产品打造成高端品牌，但实际上其产品和服务质量低下，与战略目标不符。
- 运营决策缺乏战略指导。比如，企业的战略目标是增加国内市场份额，但实际上它的营销策略过于保守，缺乏创新性，导致市场份额无法增加。
- 组织结构和资源分配不当。比如，企业的战略目标是开拓国际市场，但实际上它的国际部门人员和资源配置不足，导致无法实现战略目标。

- 绩效评估不合理。比如，企业的战略目标是提高客户满意度，但实际上它的绩效评估主要以销售额和利润为主，导致无法提高客户满意度。

- 信息不畅通。比如，企业的战略目标是提高产品质量，但实际上它的生产部门没有及时反馈问题，导致产品质量无法得到改善。

当然，战略与运营脱节的表现因企业而异，需要具体情况具体分析，综合考虑多种因素。

战略很重要，这几乎是所有企业家、管理者的共识。你能说哪个老板不重视战略吗？我想哪个老板都不会承认这一点。但很多老板对战略的重视却往往就只有一天，比如年底开大会时说一下，或者年底开个战略研讨会，但在之后一整年的运营中却很难找到战略的影子。没有战略的支撑，运营常常变成了"脚踩西瓜皮，滑到哪里是哪里"。

战略和运营是企业成长的两大重要支柱，而两者的有效连接，则是企业成功的必要条件。成功的企业无一没有做到把这两者有效地契合起来。

战略和运营的契合贵在知行合一。假如我们将知行合一分为"知"和"行"两个层面讲，那么战略对应的是"知"，运营则对应

"行"。"知之真切笃实处即是行，行之明觉精察处即是知"，知不是一知半解，或仅仅口头上讲讲，而是在行的过程中不断复盘、反思、总结出经验来。

很多企业把"知行合一"当作价值观、写成标语，也有很多老板经常和员工说要"知行合一"，但老板的潜台词其实是："你们要好好执行！"但"我知""你行"也是知行的分离。当然，也有一些企业是"知易行难"——知道很容易，落地却很难，这实际上还是因为没有真正地"知"。因为自己的认知程度达不到，"行"也很难获得想要的结果。

现在很多企业都学华为，实际上却很少有企业能做成华为那样。为什么做不成？因为大家跟任正非的认知水平差得很远，而且，华为不只有任正非的个人认知，还有华为公司的群体认知，群体认知水平高，"行"的水平就高。如果我们自己的认知本身很低，我们的"行"就不可能达到华为那种层次。

所以，我认为，战略和运营高效契合的难点不在"行"的层面，而是在"知"的层面。做企业实际是"知难行易"。

厘清因果链的战略方程式

如何才能厘清因果链，把战略和运营有效连接起来，使其高效契合呢？既然战略和运营的契合是"知难行易"，而战略对应的是"知"的层面，那么我们梳理因果链就要从战略入手。

　　战略是目标及达成目标的关键成功要素的有效组合，由此，我总结了一个战略方程式，如图 3-2 所示。

$$Y=f(x_1, x_2, x_3, \cdots)$$
图 3-2　战略方程式

　　其中，"Y"是指目标，"x"是指达成目标的关键成功要素，"f"则代表若干个关键成功要素的组合，它们之间构成函数关系。这几者有效结合起来就叫战略，缺少其中任何一个，都不能构成完整的战略。

　　有些企业把战略仅仅描述为"Y"（目标），这样的战略是无法落地的。战略必须有"x"（达成目标的关键成功要素），而且"x"要能有效支撑"Y"的达成。

　　企业经营的成功是必要条件和充分条件有效组合的结果，"Y"要求正确和简单，是成功的必要条件；"x"则要求不断深入并能够持续挖掘、改善，是成功的充分条件。

　　有位企业家朋友曾跟我交流说："为什么我们战略总是制定得不准确？"我说，你用"准确"这个词来形容战略就不对，战略不是一个数学题，不能用"准确"和"不准确"来衡量，只能用"正确"和"不正确"来衡量。任正非讲过一句话叫"方向大致正确，组织充满活力"，就是指如果你走在一个正确的方向上，目标就不要太复杂，哪怕有一定的偏差也没关系。但"x"必须充分，而且要能不断迭代升级。

战略方程式虽然很简单，但含义却很丰富，蕴含着深刻的管理哲学。

从目标出发的管理是达成目标的最短路径

战略方程式的第一个含义是：从目标出发的管理是达成目标的最短路径。这其实是在讲"Y"（目标）的重要性。

目标告诉我们方向与定位。如同在大海中航行，你必须知道自己的方向和定位，否则，任何方向的风对你来讲都是逆风。知道了自己的方向和定位之后，你才能分辨出"顺风"和"逆风"，才知道应该采取何种战略来实现企业的愿景和使命。

与"从目标出发"相对的是"从问题出发"。企业不可能没有问题，但如果我们的经营管理总是从问题出发，你会发现问题永远解决不完，即使费尽心思把这个问题解决了，下一个问题又会冒出来。而且，问题的解决也不一定能使企业达成目标。

在经营企业的过程中，我曾掉进过"从问题出发"的坑里。

2012年，李东生董事长派我去管理华星光电，华星光电是当时深圳建市以来投资最多的工业项目，一期投资245亿元，其中TCL投资占比50%，深圳政府投资占比50%。但是，华星光电在投资建设转为运营的第一年就出现了经营性亏损，而且一时找不到盈利方案。

为了使华星光电走出困局，李东生董事长让我去华星光电做

CEO。起初我是不愿意去的，因为我没做过面板产业。他开玩笑地对我说："你没吃过猪肉还没看过猪跑吗？"我说，我从本科到硕士、博士一路学的都是管理专业，不懂技术，这家高科技企业是做液晶面板的，属于半导体显示产业，我确实是连"猪跑"都没看过，更不知道怎么做。而且，华星光电投资245亿元，光是折旧费用就相当于早晨一睁眼就看到一辆接着一辆价值80万元的奔驰车被开走了，再也回不来了，这个压力实在是太大了。不过，虽然不情愿，但因为李东生董事长的信任，我也只好"赶鸭子上架"地去了华星光电。

到华星光电后，我的第一个本能的行动是访谈各级人员。我用了十多天的时间到各个部门走访，向他们了解公司当时存在的问题。大家都很坦诚，讲了很多问题，我记录了厚厚的一大本。这些问题涉及方方面面，有战略类的，有组织类的，有运营类的，有文化类的……翻看着这些问题，我感觉公司仿佛命悬一线。对如何解决这些问题，我一头雾水。

当时，我每天都在绞尽脑汁地寻找答案，却一直没有头绪，这让我非常焦虑。为了排解焦虑，我把自己的时间排满，让自己一分钟都不能休息，一个会结束之后立刻开第二个会，因为只要一闲下来，一堆堆问题就会争先恐后地挤进我的脑子里。

这样的状态持续了将近一个月，突然有一天，我冷静下来，我发现自己犯了一个错误——从问题出发，而非从目标出发。这个错误我早在十几年前就提醒过别人不要犯，但亲自操盘一个大体量企业时，我才发现自己竟然也难以避免地陷入了怪圈。

想通这个道理后，我就把那本记满问题的厚厚的笔记本用胶带缠上，再也不看了。然后，我带领着公司的 50 多位中高层管理者在酒店封闭了两天，只干一件事，就是做战略研讨。我告诉大家，现在公司的问题很多，我们没法全部解决，与其与无穷无尽的问题继续缠斗下去，不如先跳过问题来找目标、找方向。

我们分析了产业形势和自身的优劣势，认为当时的华星光电在液晶面板产业中技术不是最领先的，规模是最小的，要在激烈的市场竞争中生存下来，必须坚持分步走的战略，第一步做到效率领先，第二步做到产品领先，第三步做到技术领先，第四步做到生态领先，每一步都需要两三年的时间。

于是，第一步的目标先锁定"效率领先"，从这个目标出发，我们不断改进华星光电的经营管理，最终真的成了全球效率最高的面板企业。

那本被我封存起来的笔记本，我后来真的没有再看过。

TCL 有个帮助高管融入新企业的"新官上任五步法"，我作为集团总裁转任华星光电 CEO，自然也逃不过"家法"。其中有一步是上任 100 天后集团派以 CHO 为首的考察组来调研，调研的主要内容是新任 CEO 做了哪些事、为企业带来了什么变化。当时，公司干部和员工向考察组反映"薄总这 100 天给企业带来了翻天覆地的变化"，而当考察组问"薄总都帮企业解决了哪些具体问题，才带来了这些变化"时，大家却一时都回答不上来。此时，我才意识到，我好像从来没有刻意去解决哪些问题，而问题却都神奇地消失了，不再对公司产生困扰和影响，就像不曾存在一样。

————

由此，我领悟到一个早就学过的道理：**问题不是解决掉的，而是在追求目标的过程中自动消失掉的。**

企业一定存在各种问题，我们不能完全不管问题，但企业的问题中有真问题，也有伪问题，我们要做的是瞄准真问题，即那些与目标相关的问题。以目标为导向，先找到目标，再根据目标去做正向的管理，最后我们会发现，这恰恰是达成目标的最短路径。而在追求目标的过程中，其他问题也自然而然地被解决了。

方法才是核心竞争力

战略方程式的第二个含义是：方法才是核心竞争力。在企业运营中，困难的并不是对最终结果的描述，而是找到为了实现这个结果需要采取的方法和步骤，即找到方程式里的关键成功要素"x"。也就是说，对"Y"的描述并不是最困难的，找到"x"才是最困难的。**方法才是核心竞争力，没有"方法"设计的战略，不叫战略。**

还以华星光电为例，当时，在战略研讨会上，我们首先讨论的是华星光电的战略目标是什么。那时华星光电刚成立，实力还不算强，这时就把产品领先、技术领先作为战略目标是不现实的，所以，最终我们确定了第一步要坚持效率领先。

效率领先是目标，"Y"找到了，那对应的"x"也就是关键成功要素是什么呢？当时我们封闭讨论了两天，找到了四个关键成功要素。

第一个关键成功要素是产能。这背后有一个有趣的故事。有一次，我去工厂参观生产线，工程师指着面前的机台介绍说这个机台效率很高，其他公司生产一张液晶大板用时大概32秒，我们用这个机台只需要30秒，全球最快。比同行企业缩短了2秒钟的生产时间，他觉得很厉害，非常兴奋。

这让我受到了很大的启发，因为我们是在玻璃基板上做半导体，白玻璃进来后要连续不停地在生产线上转13.5天，要经过上千个机台的运作，如果每个机台的生产时间都能缩短2秒，对企业的整体生产效率会带来巨大的提升。于是，我随口问旁边的厂长："陈厂长，如果我们每个机台都能提高点效率，产能是不是还可以提高？"一个无意间问出的简单问题，却让厂长的眼睛为之一亮，说："薄总，能不能让我回去测算一下再回答？"

陈厂长回去测算了两天，然后告诉我"可以"。我们把这个问题拿到战略研讨会上讨论，最后我们共同决定把产能作为一个重要的"x"来抓。原本我们的设计产能是每年10万张液晶大板，2013年，我们将实际产能提升了20%，每年生产12万张液晶大板，到2014年年末，产能又进一步提升到了每年14万张液晶大板。也就是说，在没有增加投资的情况下，我们的产能在两年的时间里提升了40%，相应的，单片液晶大板的固定成本摊销下降了24%，毛利率却提升了6%，盈利就从中产生了。在其他面板企业，产能通常是一个被动要素，但在华星光电，产能却变成了主动要素。

　　除了产能，我们还找到了其他三个"x"，产能利用率、良率和产品结构。以产能利用率为例，原来一条生产线能同时生产24寸、32寸、37寸、46寸、48寸、49寸、55寸7个尺寸的面板，我说这不行，要提升产能利用率，把尺寸砍到只剩两个，用80%的产能做32寸的面板，20%的产能做55寸的面板。因为专注于做两个尺寸的面板，效率更高，能把产品做到极致。

　　后来，"产能 × 产能利用率 × 良率 × 产品结构"成为华星光电的一个重要指数，我们把它命名为"华星指数"。图3-3就是某年华星指数的走势图。

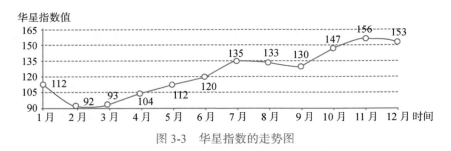

图 3-3　华星指数的走势图

　　华星指数的变动率与企业的盈利率是基本吻合的。世界充满了不可预知性，事物也时时处于变化中，但找到规律，就能坦然面对变化。这从另一个角度证明了对结果的描述并不是最困难的，找到达成结果所需要采取的方法和步骤才是制胜的关键。

　　一旦找到关键成功要素，企业的潜力将是无穷的。我刚去华星光电的时候，因为上一年企业处于经营性亏损状态，所以TCL董事会和政府为华星光电设定的2013年经营利润指标并不高，只有4.5亿元。我刚去不久，李东生董事长就对我说，应该把利润指标往上调一下。我问："为什么调？集团不都批准过了吗？"李东生董事长说："没什么理由，因为你去了嘛，你去了就该往上调一调。"我说，先缓一缓，等我了解情况之后再定。老板的要求永远超乎你的想象，企业家就是这样把企业"撑大"的。

在战略研讨会上找到关键成功要素并现场测算每个关键成功要素的潜力到底在哪里后，大家一致认为，华星光电当年创造10亿元利润是完全可以实现的。于是，第二天我对李东生董事长说，我们经过认真研究，认为利润指标可以往上调一调。

他马上问："调多少？"我打了点折扣，说大致可以调到8.7亿元，这等于翻了近一番了。然后我问他："超过8.7亿元是不是应该给团队奖励呢？"李东生董事长说当然可以，按照TCL的奖励制度，超过一定利润水平可以按比例奖励给团队。结果，100天后，我们就创造了4.5亿元的利润。半年之后，华星光电实现了15亿元的利润，到2013年年底又翻了近一番，当时我国台湾地区的报纸大幅标题整版报道，称华星光电为"全球面板获利王"。此后连续多年，华星光电都是TCL的"现金奶牛"，也是全球效率最高的面板企业。

————

值得注意的是，企业在不同阶段及不同目标下的关键成功要素

86　企业进化论：8大方法论破解企业成长难题

和方法是不同的。如图 3-4 所示，华星光电在不同的发展阶段和战略目标下采取的策略就完全不同。

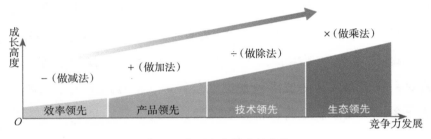

图 3-4　华星光电策略的变化

在效率领先阶段，华星光电的策略是"做减法"，采取的具体方法是：

- 单一产线规模最大。
- 产品结构精简。
- 聚焦在电视机这一行业领域，而且最初只做家用电视面板。
- 产能利用率高。
- 良率高。
- 库存周转快，现金周期短。

在产品领先阶段，华星光电的策略是"做加法"，采取的具体方法是：

- 拓宽产品应用领域。
- 品质稳，良率高，成本低。

- 产品结构合理，与市场匹配。
- 产品差异化，满足客户需求。

在技术领先阶段，华星光电的策略是"做除法"，除法意味着作为分子的应用领域可以多元，而作为分母的技术要专精深。这样分子合理扩大，分母聚焦有深度，形成了一个"T"形结构。在这一阶段，华星光电采取的具体方法是：

- 成为主流技术流派领导者，在多个应用领域取得领先。
- 专利的申请量、保有量位居行业前列，向专利运营过渡。
- 参与国家标准、国际标准的制定。
- 重视未来五年的技术研发与应用。

在生态领先阶段，华星光电的策略是"做乘法"，采取的具体方法是：

- 产业链多个环节达到一流水平，在 1～2 个关键关节成为行业第一。
- 扩大市场影响力，有效地将技术概念转化为市场主流趋势。
- 打造可持续的创新能力。
- 与战略伙伴共荣共生。
- 从产品经营转向产业经营。

最后，我还要提醒的一点是，很多企业在找"x"时很随意，这样效果自然不会太好，而且浪费了很多资源和时间。实际上，"x"的有效性是由"Y"决定的，不同的"Y"要求不同的"x"，如果"x"与"Y"错配，效果自然不佳，这就是为什么先有"Y"再有"x"。这和很多人的认知是不一样的，人们通常认为输入一组自变量"x"自然会得到因变量"Y"，而现实却是先定义因变量"Y"才能找到有效的自变量"x"。

战略的关键在于经营要素的不同组合

战略方程式的第三个含义是：战略的关键在于经营要素的不同组合。要选择不同于竞争对手的运营活动的组合。这是在讲"f"的重要性。因为追求差异化是战略的实质，差异化来自两个方面——做与竞争对手不同的事，或者以不同的方式做同样的事。但大多数情况下，我们很难找到与竞争对手不同的事，我们追求战略差异化时，更多的情况是以不同的方式做同样的事。同样做液晶面板，为什么华星光电能成为全球面板获利王，其他企业不行？就是因为前者用了不同的方式去做同一件事。而"不同的方式"是从哪里来的？来自经营要素的不同组合。

关于经营要素的不同组合，民航业的两个案例值得很多企业借鉴。

理查德·布兰森曾说过一条从亿万富翁变成百万富翁的路径——投资航空公司，因为航空公司很容易亏损。但美国西南航空公司是一个例外，它是全球盈利最好的航空公司之一。

美国西南航空公司采取的战略如图 3-5 所示。

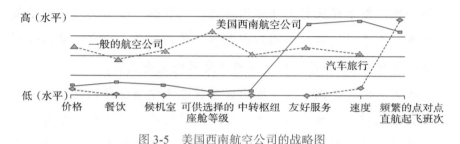

图 3-5 美国西南航空公司的战略图

所有航空公司都有着共同的经营要素，如价格、餐饮、候机室、可供选择的座舱等级等，但不同航空公司的战略却大不相同。这正是因为这些经营要素的组合不同。从图 3-5 中我们可以看到，一般的航空公司的要素组合与美国西南航空公司的经营要素组合存在很大差异。

比如，美国西南航空公司的价格非常低，从洛杉矶到拉斯维加斯，一般的航空公司票价是 299 美元左右，而美国西南航空的票价低至 29 美元。在制定价格时，美国西南航空公司眼里的竞争对手不是其他航空公司，而是大巴车公司。大巴车公司的票价是 25 美元，因为飞机比大巴车快，所以贵一点，就定价 29 美元。这样，美国西南航空公司就将自己归类到一个新的行业，成了一个穿梭式飞行的"空中巴士"公司。

而与低价组合在一起的是什么呢？是不提供餐饮、简陋的候机室、较少的座舱等级，等等。我坐过美国西南航空公司的飞机，飞机上基本不提供什么餐饮，只有一瓶矿泉水、一点开心果，乘客进去后也不对号入座，座位先到先得，坐满了就改签到 10 分钟以后的下一班。整个模式都是快速周转的。一般航空公司的飞机到了某地需要一个小时周转，美国西南航空公司快到什么程度？从落地到重新起飞只要 20 分钟，这种周转速度真的是令人震惊。

我之所讲这个例子，是因为以前我在大学当老师的时候就曾以美国西南航空公司为案例，而且后来我又恰巧去了深航，参与了深航的筹建。当时深航管理层中就我一个人是学管理专业的，所以我就自然而然地承担起了深航战略及文化设计的重任，并作为"企业设计师"设计深航的管理模式和战略。我建议深航学习美国西南航空公司，1994 年年初，我和其他高管去达拉斯学习考察，调研后发现美国西南航空公司的模式的确可以复制到深航。后来我们定的战略就叫"美西南战略"，当时我们还有一个没写在墙上但刻在心里的愿景："要成为全民航中最像美国西南航空公司的公司。"

比如，美国西南航空公司的飞机全部都是波音 737，坚决不搞大飞机，我们也学习了这一点。那时，深航的很多飞行员来找公司领导，不断地说波音 777 好、波音 747 好，向公司申请换成大飞机。我对他们说："你就当自己是开出租车的。"开桑塔纳收费是 1 元 / 千米，开奔驰车收费也是 1 元 / 千米，司机当然愿意开奔驰，但如果把深航当成一个出租车公司，很显然，成本更低的桑塔纳才是更好的选择。

另外，深航还学美国西南航空公司努力提高飞机的利用效率。

一般航空公司的飞机利用效率是一天飞7个小时，深航一天飞10个小时。我告诉大家，多飞的航班在能满足航次的油费、起降服务费、空姐的工资、飞行员的小时费等基础上，只要还有钱赚就能产生边际贡献，这样就可以摊薄固定成本。深航当时画了一张航线的保本点图交给票控人员，只要卖到保本点后就可以打折卖，即便是客座率不满，达到这个数额也可以飞。

晚上没乘客怎么办呢？那就拉货。我们把这叫作快速改装飞机，没有乘客的时候用一个多小时把座椅全部拆卸下来，空出来的地方装货，装完货飞机周转半夜，到凌晨再把座椅装上载人。在国内民航业，深航是第一个这么做的。后来，因为拉货会导致机舱里有味道，深航停止了这种尝试。但这种敢于尝试、敢于创新的精神却在深航一直传承了下来。

深航的创新例子还有很多，比如，20世纪90年代飞机票是要去固定网点凭身份证购买的，航空公司给网点付代理费。深航改变了这一点，不搞网点，而是招了一些送票专员，乘客只要打个电话，送票专员骑自行车一小时就能送票上门。我常说深航是民航业第一家做快递业务的，但可惜没在这条路上继续发展，否则今天很可能就发展出顺丰这样的产业了。

和美国西南航空公司一样，深航因经营要素的不同组合成了民航业的"特殊物种"，成了中国民航业效率最高的公司。当时全民航一架波音737飞机平均的配比人数是100人，深航的配比是70人。在1993年，我就提出了一个"三五四原则"——3个人干5

个人的活，拿 4 个人的工资。因此，深航的员工工资是全民航最高的，但用人成本占总收入的比例在全行业是最低的。这背后体现出一种人力资源思想——员工个体薪酬最高，而公司总体人力成本又最低。能同时做到这个最高和最低的都是优秀企业。

————

管理原理是相通的，早年的深航如此，后来的华星光电也是如此。找到关键成功要素，把关键成功要素组合起来变得跟别的公司不一样，就是创新。华星光电所属的半导体显示产业是周期性的。在华星光电之前，行业的基本做法是维持产品价格不变，甚至提高价格，而随着淡旺季来调整产能利用率，这实质上是一种垄断行为。华星光电认识到产业最大的成本动因是折旧，于是颠覆了行业的常规做法，保持产能不变做到满产满销，随着淡旺季周期性波动通过价格机制来调整需求。产能和价格都是产业的经营要素，组合不同就体现了不同的商业模式甚至战略。

经营过程中的建构与解构

战略方程式的第四个含义是：经营过程中的建构与解构。

第一层战略的建构叫零级计划，是通过战略方程式 $Y=f(x_1, x_2, x_3, \cdots)$ 来实现的。但如果第一层的关键成功要素“x_1”还是一个比较大的举措，我们就应该对“x_1”进行解构，将其转化为“y_1”，然后再利用战略方程式对“y_1”进行建构，找到影响“y_1”的关键成功要素，这叫一级计划。依次类推，只要“x”还是比较大的举措，就不断地把它继续转化为下一级的"y"，一直到解构到个人计划为止。对"Y"的层层分解使其一步步转变为切实可行的行动，这些行动为"Y"的实现提供了层层保证。

这和我们通常所说的目标分解的区别在于，很多企业做目标分解时是将"Y"（大目标）直接分解成若干的"y"（小目标），但使用这个分解逻辑不容易落地。正确的分解逻辑应该是从"Y"到"x"，然后把"x"转化为"y"，再进一步分解"y"。这个分解过程就像拎葡萄串一样，纲举目张，是对目标和举措的双向分解，这样才能使举措被分解为具有可执行性的行动，真正服务于目标的实现。

对经营过程的建构与解构，形成了"战略驱动运营，绩效促进改善"的闭环，打通了战略与运营，实现了全链条拉通、力出一孔，从而确保战略达成。很多公司在这个过程中广泛达成了内部共识，这样战略就不是老板一个人定的，而是全体员工共同定的，是群策群力的结果。

达成战略共识，发挥群体智慧

战略方程式的第五个含义是：达成战略共识，发挥群体智慧。战略结果的最终表述固然重要，但战略形成过程中共识的达成更加重要。

我去企业调研时常常听到企业家说："我们战略很清晰，就是执行不到位。"但高管却告诉我："战略根本不清晰，这样的战略我们没法执行。"之所以出现这种局面，是因为在战略形成的过程中大家没有达成共识。

有一次，我参加一个企业的会议，CEO主持，讲得很辛苦。我当时就想到了这样一个场景：他带着团队爬楼梯，一层层地往上爬，好不容易爬到10楼了，却发现有些高管还在2楼，喊着"我需要帮助"，他只好回到2楼，接上那位掉队的高管，再带着团队重新从2楼往上爬，爬到8楼时，发现又有一个高管停在了3楼，CEO又得返回3楼，带领大家重新爬楼……如果群体认知不拉齐，企业领导者就像这位CEO一样，辛苦地带领大家反复爬楼梯，既辛苦又无效。

那么，怎么提高群体认知水平，达成战略共识呢？战略推演是一个行之有效的方法。战略推演可以使高管参与到战略的共创中，在这个过程中员工内在的认知和动力会被唤醒，群策群力的作用就能充分发挥出来。

一定要相信群体的智慧和思维，不断拉升群体的认知，10个人用1个小时群策群力产生的创造力远远大于1个人独自闷10个小时产生的创造力。

战略和运营的高效契合是动态的过程

战略方程式的第六个含义是：战略和运营的高效契合是动态的过程。今天契合，过段时间随着环境的变化可能又不契合了，不确定性是常态。

要想达到战略与运营的动态契合，就要定期迭代"Y"，不断优化"x"。要在真正运营之前先做充分的战略推演，就像高手下棋一样，一定要提前模拟棋局。模拟出胜局最终不一定胜，因为实际运营中可能会发生很多变化，影响最终结果，比如竞争对手变了，比如推演时有重要遗漏，又比如不小心出"昏招儿"等。但模拟出败局，最终大概率是败局，要重新推演和布局。

战略推演不仅要找到"Y"，而且要找到"x"，还要把"Y"和"x"连接起来找到"f"，否则平时的动作就会跟"Y"没有相关性，最终不一定有效果。

关于如何做战略推演，下一章我会详细讲解。

在实际经营的过程中，"术"是层出不穷的，但如果"道"不对，没有建立起管理哲学，方法再多也不一定能创造价值。战略方程式很简单，但背后折射的是最朴素的管理哲学。其核心是通过战略方程式，把战略和运营有效地契合起来，形成良性循环，促进企业的持续增长。这是企业管理之道，然后以道驭术。

第 4 章

战略推演论：
用战略推演洞见未来

持续成功的公司与因失败而消失的公司之间最大的不同之一就在于有无战略思维。战略推演是战略思维的集中体现，企业应根据业务所处的发展阶段、面临的竞争态势、自身的资源禀赋和能力等，分取势、明道、优术三个阶段进行战略推演，以此洞见未来，推动企业的持续发展。

战略推演是战略成功的起点

关于战略，很多人心中可能会有一些困惑：企业发展是不是真的需要战略？尤其是在当下这个不确定的时代，云谲波诡的商业环境要求企业具备更高的灵活性，在这种情况下，战略是否会变成阻碍企业前进步伐的教条？

针对这些问题，我也进行过深入的思考。在我看来，战略对于企业的长期发展至关重要，它是企业为了获得持续的竞争优势，谋求长期生存和发展，在分析外部环境与内部资源、能力的基础上，对企业的发展方向、目标以及实现路径等进行的一系列谋划。

具体来说，什么样的战略才是好战略呢？好战略应满足十大必要条件：

- 好战略与企业经营理念保持一致。
- 好战略能适应外部环境变化。
- 好战略能帮助企业在已知和潜力市场上获胜。
- 好战略能帮助企业构建核心能力。
- 好战略能产生"聚焦"和"协同"的双重效果。
- 好战略能帮助企业集中管理资源。
- 好战略制定过程中有中高层和核心团队的充分参与。
- 好战略在全体员工中得到充分的贯彻和交流，并获得员工们的理解和认同。
- 好战略能具体分解到部门的战术上。
- 好战略能切实落实到各岗位的实际行动中。

企业管理者可以将这十大必要条件作为战略检验清单，并试着用这个检验清单评价自己公司所制定的战略的质量。

对于战略的理解，有一点尤其需要企业管理者注意：**战略不是未来做什么，而是现在做什么才有未来**。我们不能把战略仅仅视为一个静态的描述，而是要把它当成一个动态的过程来理解，要认识到战略强调的是企业应做出正确的战略性决策，并通过具体的、可执行的行动计划使其落地。

但是，我们通常学到的战略大都是静态的描述意义上的战略，这导致管理者们投入了大量的时间学习战略却仍然不会做战略。并且，我们在运用传统战略决策理论时，常常陷入窘境，因为我们学到的战略决策理论往往是这样的：

- 战略决策的前提假设是"确定性"的。
- 战略决策的方法是"结构化"的。
- 战略决策所依赖的信息是"完整"的。

而在企业经营管理中，我们依据"确定性""结构化""完整"的逻辑制定战略决策的机会实在是少之又少。实际的战略决策往往是截然不同的：

- 战略决策的假设前提常常是"不确定"的。
- 战略决策的方法常常是"非结构化"的。
- 战略决策所依赖的信息常常是"不完整"的。

现实商业活动的复杂性决定了制定战略决策绝对是一项需要高智商、高情商的活动。要想更好地制定战略决策，有一个重要的步骤必不可少，那就是战略推演。

在如今这个时代，国内外的经济环境都在发生着剧烈变化，企业的市场环境也因此变得极其不稳定。在这种情况下，如果我们单纯凭借经验、感觉去做决策，很有可能会带着企业走弯路，甚至走向歧途。因为我们过去的经验只适用于过去的规则、过去的环境，我们当下要做出的决策面对的却是现在的环境甚至是未来的环境。而感觉更是非常不可靠的，很容易让企业的决策脱离现实，无法落地。

　　因此，为了保证企业决策的正确性，管理者不能只从过去的经验中提取有价值的信息，还应该想办法从现在、从未来获取有价值的信息。而这正是战略推演要做的事情——通过系统性的思考和分析，识别和探究未来可能发生的情况，帮助企业制定有效的战略决策，提高战略实施的成功率。

　　战略推演是演绎战略的方法，也是企业上下达成战略共识的过程。在战略推演会上，有几个要素是必须进行集体讨论并明确的，包括关键目标、量化指标、关键成功要素、关键战略举措、风险评估等，如表 4-1 所示。

表 4-1　战略推演会的推演模板

序号	维度	讨论一		讨论二		讨论三			讨论四	
		关键目标	量化指标	关键成功要素		关键战略举措			风险评估	
				要素描述	要素量化指标	关键举措	责任人	完成时间	举措不可达成概率（10～1）	举措对成功要素的影响程度（10～1）
1										
2										

备注：
1. 关键目标最多 4 项
2. 目标及指标的制定应遵循 SMART 原则
3. 关键战略举措最多 3 项

　　战略推演会可以分为三阶段来进行：取势、明道、优术。

取势、明道、优术是我从中国古代军事经典《孙子兵法》中汲取的核心理念，指的是在战争、政治、商业等竞争性环境中，通过分析形势和环境，了解对手的实力、意图和行动，找到自己的优势和劣势以及隐含的机会和威胁，制定出最佳的战略和行动计划。

外部环境常常充满不确定性，做战略的根本目的就是把外部的不确定性转化成内部的确定性，"取势"就是在局势变化的环境中，通过观察和研究，了解自己和对手的实力、意图和行动，洞察发展趋势，认清企业发展阶段并找到现阶段的战略主题。它是基于未来思考现在的过程，是制定战略和行动计划的前提。

"明道"则强调确定阶段性目标，并找到达成该目标的关键成功要素。它包括了思考战略、计划行动、组织资源、指挥管理等方面。只有明确目标和目的，才能够有针对性地制订行动计划。明道是分解战略方程式的过程，也是知行合一的过程。

"优术"则是指采用最有效的策略和方法，以实现战略目标，是对关键战略举措分业务及职能进行分解和优化的过程，更是连接战略与执行的桥梁。

以道驭术，以术载道，环环相扣，层层推进，就能使战略推演顺利进行，使企业获得确定性。

取势：基于未来思考现在

做企业，需要酝酿战略势能，正如司马迁在其著作《史记》中的《孙子吴起列传》中所说："善战者因其势而利导之。"

什么是势？

《孙子兵法》中说"激水之疾，至于漂石者，势也"，意思是，迅疾的流水之所以能冲走石头，是因为水流产生了冲击力，这就是势。生活中，处处都是"势"：狂风大作形成了风势，大火燃烧形成了火势，而人多就声势浩大、气势十足。由此可见，势是一种在量变引发质变的过程中不断蓄积的力量，它积累到一定程度，就能瞬间爆发，摧枯拉朽、不可阻挡。

势还是一种方向、一种状态，我们常说要把握趋势，要乘势而上，就是因为势是天时、地利与人和共同造就的时机。顺势而上则事半功倍，逆势而动则事倍功半。雷军说"站在风口上，猪都能飞起来"，张瑞敏说"没有成功的企业，只有时代的企业"，表达的都是同样的意思。

这也是我把"取势"作为战略推演第一阶段的原因。

对企业家来说，懂得取势非常重要。我们做企业，既要低头拉车，也要抬头看路。"低头拉车"就是要修炼好内功，脚踏实地一步一个脚印地把企业经营好；"抬头看路"就是要多看看时代发展的趋势、国际局势的风云变幻、市场环境的变化、行业产业的变迁，想一想在新趋势下如何实现企业的转型升级，如何为企业找到新的增长点。

从某种程度上来说，是否具有取势能力，决定了一个企业的兴衰成败。无数被时代淘汰的企业用亲身经历验证了这一点。

时代与环境的发展变化带来的不确定性是商业的常态，如今的企业面对的更是一个巨变的时代。世界格局的重构、数字时代的到来、信息技术的爆发式发展，不断地冲击着工业时代的经营理念和经营思维，原有商业体系的平衡被打破，商业世界变得更加透明，商业社会的进化和升级随之而生。外部环境的变化深深影响着企业的内部管理，使企业或主动或被动地走上了数字化转型之路。在内外部变化的双重夹击下，现代企业正面临着多重挑战与考验，企业经营的复杂性和不确定性远超以前任何一个时代。

面对这种高度的复杂性和不确定性，我们所能做的，是对变化保持敏感，紧跟时代潮流，洞察世界大势，因势而谋、应势而动、顺势而为。

在取势阶段，管理者在组织公司内部的战略研讨会时，应引导大家重点讨论以下几个问题。

- 如何定义公司目前所处的发展阶段？其主要特征是什么？
- 过去做对了哪些事情？
- 哪些事情没有做对或没有做到位？
- 对未来行业变化趋势分宏观经济环境、行业商业环境、技术与产品、消费者等维度进行分析。
- 如何把握变化中蕴藏的机会？
- 如何面对未来变化的挑战？
- 公司的短板是什么？

- 公司需要做哪些改变？
- 阶段性战略方向是什么？

在研讨时，管理者可以使用一些战略工具，如企业生命周期理论及模型、PEST分析、波特五力模型、价值曲线、麦肯锡7S模型等，这些工具能帮助我们提高战略推演的效率和战略决策制定的准确性，促进组织内部的沟通与协作。

具体来说，取势通常可以分为三个步骤。

分析环境变化，看清趋势

在取势阶段，第一个重点是对环境变化进行分析。这能使我们洞悉市场和行业的发展趋势，为企业找到机会点并做出更有效的战略规划和决策。

看趋势，需要企业管理者清晰地回答下面一系列问题。

- 产业政策有哪些重大改变？对企业有哪些影响？
- 产业格局的变化带给企业的影响是什么？
- 市场正在发生的重大变化有哪些？
- 新技术的发展趋势是怎样的？
- 总体市场空间有多大？增长率是多少？利润将发生什么样的变化？
- 本企业可参与的市场空间有多大？
- 面对未来的变化，公司有哪些机会？

● 面对未来的变化，公司有哪些挑战？

具体来说，分析环境变化要关注通常意义上的外部政策环境、行业趋势，也要关注内部的市场开拓、商业模式、产品创新和管理提升等，我们可以从这几个角度切入，进行深刻洞察。

政策环境

政策环境是影响企业未来发展的重要因素之一，政策环境的变化会直接影响企业的经营和发展。企业在做战略推演时要尤为关注行业监管政策、税收政策、贸易政策、创新政策等政策的变化，以便及时做出调整和应对。比如，环保、食品药品安全、金融等行业的监管政策对企业的产品研发、生产和销售等环节都会有相应的要求和规定，税率的变化、税收减免政策等会对企业的财务状况产生影响，这些政策的变化会给企业带来机会，也会使企业面临风险。企业需要识别这些机会和风险，及时调整经营策略，以应对各种政策变化带来的挑战和机遇。

行业趋势

行业趋势会对企业的市场定位和竞争优势产生直接的影响。企业可以通过对行业中的技术趋势、消费趋势、市场竞争趋势等进行分析，了解行业的发展方向和潜在机会。

以技术趋势为例，随着数字技术的深入发展，很多行业都面临着技术更新换代的压力，企业需要密切关注技术趋势，及时掌握最新的技术成果和应用，以保持市场竞争力。比如，ChatGPT 的爆火使很多企业转向人工智能赛道，如百度适时推出大语言模型文心一言，还有一些企业也开始努力挖掘类 ChatGPT 服务的商机。

市场开拓

市场开拓为企业带来的未来机会有可能来自以下三个方面。

一是新市场空间的拓展。比如，有些企业通过进入海外市场扩大客户群，有些企业通过踏足新的细分市场满足不同的客户需求。拼多多推出跨境电商平台 Temu 进军美国市场就是通过新市场空间的拓展获得进一步增长的典型案例。

二是新产品或服务的开发。通过开发新的产品或服务，企业可以满足客户不断变化的需求，并进一步扩大市场份额。比如，一些企业通过推出新的产品或服务满足消费者的健康、环保等方面的需求，或者开发新的数字化产品适应新的消费趋势。

三是新营销策略的使用。企业可以通过推出新的营销策略吸引更多的潜在客户，并提高品牌知名度和声誉。比如，现在一些传统企业通过在抖音、小红书等渠道来推广其产品或服务，取得了不错的效果。

商业模式

商业模式涵盖了企业的价值创造方式、收入来源、成本结构、资源配置等方面，是企业运营的核心模式。在环境变化分析中，企业需要对商业模式进行深入分析，以了解其在变化的环境中的优势和劣势，以及它能为企业带来什么样的机会。

产品创新

产品创新中蕴藏着企业未来的发展机会，因此，对产品创新进行分析与评估是战略推演中非常重要的一步。这能帮助企业及时了解市场需求和消费者趋势，调整产品结构和创新策略，提高企业的市场竞争力和盈利能力。

管理提升

在战略推演中，管理提升是把握机会的重要手段，因此也应成为环境变化分析的重要角度之一。管理水平的提升可以帮助企业更好地适应和应对环境变化，保持竞争优势。

除了这六个切入角度，在具体操作中，企业可根据自身实际情况确定合适的切入点。接下来，我们以一家企业为例，看看企业在做战略推演时应如何进行未来趋势展望。

某企业在召开战略推演会时，将团队成员分为 5 个小组，分组讨论"面对未来的变化，公司有哪些机会？"，讨论时间为 20 分钟，然后每组派出一个代表发言，每组发言时间为 5 分钟，最终的讨论结果如图 4-1 所示。

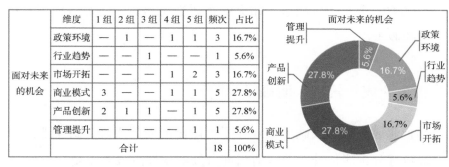

	维度	1组	2组	3组	4组	5组	频次	占比
面对未来的机会	政策环境	—	1	—	1	1	3	16.7%
	行业趋势	—	—	1	—	—	1	5.6%
	市场开拓	—	—	—	1	2	3	16.7%
	商业模式	3	—	—	1	1	5	27.8%
	产品创新	2	1	1	—	1	5	27.8%
	管理提升	—	—	—	—	1	1	5.6%
	合计						18	100%

注：由于四舍五入，百分比直接相加不等于100%。

图 4-1　某公司在战略推演会上对未来机会的讨论结果

接下来，分组讨论第二个议题"面对未来的变化，公司有哪些挑战？"，最终的讨论结果如图 4-2 所示。

	维度	1组	2组	3组	4组	5组	频次	占比
面对未来的挑战	政策环境	—	—	—	1	—	1	9.1%
	行业趋势	1	—	1	—	—	2	18.2%
	技术与产品	1	—	—	1	—	2	18.2%
	运营管理	—	1	1	—	1	3	27.3%
	人力资源	1	1	—	—	—	2	18.2%
	财务管理	—	—	1	—	—	1	9.1%
	合计						11	100%

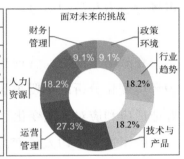

注：由于四舍五入，百分比直接相加不等于100%。

图 4-2   某公司在战略推演会上对未来挑战的讨论结果

通过以上讨论，这家公司的所有成员达成了共识：公司未来的机会主要来自商业模式和产品创新，而未来的挑战则主要来自运营管理，企业战略推演的重点方向由此变得清晰起来。

————

优秀的企业顺应趋势，伟大的企业推动趋势，而看清趋势是这一切的起点。

分析企业成长轨迹，明确发展阶段

企业成长轨迹反映了企业在不同阶段的发展表现，对企业进行成长轨迹分析能帮助企业认清当前所处的发展阶段和主要特点。

伟大的战略家都善于审时度势，并在此基础上将战略的执行过程划分为若干阶段，根据不同阶段的主要矛盾制定有针对性的策略。对企业成长轨迹的分析，可以参照图 4-3 的阶段划分。

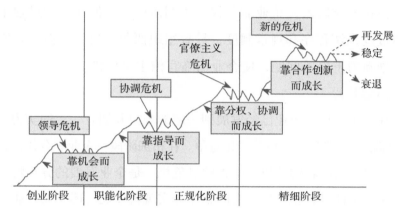

图 4-3 企业成长阶段的划分

创业阶段

在这个阶段，企业刚刚创立，还没有明确的组织结构和运营方式，主要依靠机会而成长，而创业者的个人能力和经验是把握机会的关键。因此，创业阶段企业面临的主要危机是领导危机。

职能化阶段

在这个阶段，企业逐渐建立起规范化的组织结构和管理体系，开始实现职能化运营。企业逐渐从对创业者个人能力的依赖中解放出来，开始实施团队化、专业化的运营模式。这一阶段企业靠指导而成长，可能会面临协调危机。

正规化阶段

在这个阶段，企业开始进入成熟期，组织结构更加完善，管理更加规范化，企业的发展更加稳定。企业开始更加注重内部管理和流程优化，强化品牌建设和市场营销，提高产品的质量和服务的效率。在正规化阶段，企业靠分权、协调而成长，但在管理过程中可能会过度强调程序和规章制度，导致组织僵化、决策缓慢、效率低下、创新力下降等问题，使企业面临官僚主义危机。

精细阶段

在这个阶段，企业已经发展到一定的规模和拥有一定的实力，开始实施精细化管理，进行差异化竞争。在精细阶段，企业靠合作创新而成长，但将面临新的危机。能否度过危机，是企业发展的分水岭。有的企业会由此进入稳定期，有的企业会实现再发展，还有的企业会因为无法度过危机而陷入衰退。仍以上述某企业为例，这家企业在取势阶段对企业成长轨迹进行了分组讨论，最终讨论的结果如表4-2所示。

表4-2　某企业对企业所处阶段的分析结果

公司所处阶段	取势					共识
	1组	2组	3组	4组	5组	
	由职能化向正规化转变	由职能化向正规化过渡	由职能化向正规化过渡	职能化后期	由职能化中后期向正规化过渡	**由职能化向正规化过渡**
主要特征						
1	职能模块与组织结构基本成形					
2	职责有待进一步清晰，模块间协同机制需要完善					
3	产品布局与市场趋势的结合不均衡					

对于企业所处的阶段，各个小组都做出了自己的判断，最终达成的共识是企业正处于由职能化向正规化过渡的阶段，并总结出了这一阶段企业的主要特征。这对于企业明确战略方向有很大帮助。

企业在生命周期的不同阶段面对的主要矛盾是不同的，识别出企业处于生命周期的哪个阶段、面对的主要矛盾是什么，对于制定战略至关重要。如果发展阶段判断错误，主要矛盾没有找准，企业就有可能得出错误的战略方向与举措。

盘点企业外部环境与内部能力，判断竞争力状态

取势的第三步是判断企业的竞争力状态。企业竞争力是指企业在市场竞争中获得成功的能力。对企业竞争力状态进行判断，首先需要盘点企业的外部环境。

（1）分析企业的市场地位 企业在市场中的地位反映了企业的竞争力，而市场占有率、品牌知名度、客户满意度等都能体现企业的市场地位。分析企业的市场地位可以了解企业的竞争力是否有优势、市场份额是否稳定等。

（2）比较竞争对手的表现 竞争对手的表现可以作为评估企业竞争力的重要指标。通过与竞争对手进行市场地位、品牌形象、产品创新等方面的比较，可以判断企业是否具有竞争优势。

其次，要对企业的内部能力进行盘点。

（1）分析企业的盈利能力 企业的盈利能力是企业竞争力的重要体现。通过分析企业的利润率、营业收入增长率、净利润增长率等指标，可以了解企业的盈利能力是否足够强。

（2）分析企业的创新能力 创新能力是企业在市场竞争中取得成功的关键因素，通过分析企业的研发投入、新产品开发率、专利

数量等指标，可以了解企业的创新能力是否优秀。

（3）评估企业的资源配置和战略规划　企业的资源配置和战略规划是企业竞争力的重要支撑。通过评估企业的资源配置和战略规划，可以更准确地了解企业的竞争力状态，以及是否需要调整资源配置和战略规划。

通过对企业外部环境与内部能力进行分析，管理者可以全面了解企业的竞争力状态，识别企业的优势和劣势，及时调整资源配置和战略规划，提升企业的竞争力。

完成以上三个步骤后，我们就能通过取势推导出公司的战略目标，为企业找到发展的方向。

利用长宽高模型选准好赛道

对一些业务比较单一的单体企业来说，通过以上三个步骤就足以实现取势。多元化企业则不然，因为其战略层次更加复杂，既包括公司层战略，又包括业务层战略。因此，对多元化企业而言，在取势的过程中，还有一项非常重要的工作，就是对业务层战略的优先级进行评估。所有企业的资源都是有限的，无论人、财还是物，都是如此。当多条业务线抢占有限资源造成冲突时，管理者必须做出取舍，为企业选择一条好赛道。

什么是"好赛道"？

首先，这条赛道一定要足够长。如果赛道短，不等企业发挥全力，比赛就结束了。

其次，这条赛道一定要足够宽。如果赛道很窄，它就不能容纳更多的竞争对手，企业也很难扩大自己的规模。

最后，这条赛道一定要足够高。这意味着增长机会多，只有这样企业才有充分的成长空间。

要找到好赛道，明确业务层战略的优先级是企业的当务之急。只有做好了这一点，企业才能识别业务线的战略意义及布局优先级，从而找到又长又宽又高的赛道，从而优化资源配置，更快、更有效地达成战略目标。**业务层战略的优先级排序是确保战略目标实现以及战略价值最大化的关键性活动。**

正所谓"工欲善其事，必先利其器"，要想做好业务层战略的评估，高效、好用的工具是必不可少的。用好工具，能使战略推演事半功倍。为此，我独创了长宽高模型，从赛道宽度、赛道长度和赛道高度三个方面对企业进行评估，在我们提供咨询服务的多家企业中，这个工具得到了广泛的应用，其效果得到了充分证明。

关于长宽高模型，有以下几点需要管理者了解。

- When　当企业需要对不同业务线做取舍的时候。
- Why　帮助企业找到好赛道，优化资源配置，更快、更有效地实现达成战略目标。
- Where　企业外部产业分析要素和企业内部资源禀赋要素。
- What　综合应用波特五力模型、SWOT 分析、GE 矩阵、BCG 矩阵、战略解码等战略管理理念和工具，形象地使用长、宽、高进行分类评估，方便理解记忆和宣传。

● How　长宽高模型使用业务层战略优先级评估表来对各业务进行评估，业务层战略优先级评估表共设 12 个评估维度，每个维度用 10 分制评估；评估得分设四档，分别为 8 ～ 10 分、6 ～ 7 分、3 ～ 5 分、0 ～ 2 分。满分为 120 分。先依据业务性质确定每个维度的评估标准，然后依据评估结果等级给予相应的得分。关于分数，我们不仅要关注总分，还应切实分析得分的分布，因为总分不是做出取舍的唯一依据。

业务层战略优先级评估表的 12 个评估维度如表 4-3 所示。

表 4-3　业务层战略优先级评估表的 12 个评估维度

序号	评估维度
①	目前赛道市场规模有多大？
②	赛道平均毛利率有多高？
③	赛道竞争程度如何？
④	未来市场增长的潜力如何？
⑤	赛道进入门槛有多高？
⑥	这类产品或技术被替代的概率有多大？
⑦	供应商支持力度有多大？
⑧	客户赋能力度有多大？
⑨	我们的核心竞争力有多强？
⑩	内部协同性有多高？
⑪	业务突破的关键点有哪些？我们可以采取哪些举措？
⑫	业务前景展望（市场份额提升、收入增长、盈利能力）

下面，我们分别进行详细介绍。

赛道宽度

在赛道宽度方面，管理者需思考的问题包括以下三个。

①目前赛道市场规模有多大？

评估该细分业务线当前的市场规模。

评分标准（评估标准需要根据企业业务的性质先行确定）：

- ＞ 100 亿元 　　　　　　　8 ～ 10 分
- 50 亿元～ 100 亿元 　　　6 ～ 7 分
- 10 亿元～ 50 亿元 　　　　3 ～ 5 分
- ＜ 10 亿元 　　　　　　　　0 ～ 2 分

②赛道平均毛利率有多高？

评估赛道（业务线）行业平均（或公司该业务线）毛利率水平。

评分标准：

- ＞ 30% 　　　　　　　　　　8 ～ 10 分
- 20% ～ 30% 　　　　　　　　6 ～ 7 分
- 10% ～ 20% 　　　　　　　　3 ～ 5 分
- ＜ 10% 　　　　　　　　　　0 ～ 2 分

③赛道竞争程度如何？

评估业务线目前竞争程度：竞争越不激烈、主要竞争对手优势越小，得分越高。

评分标准：

- 竞争不激烈或竞争对手优势较小 　　8 ～ 10 分

- 竞争程度一般或竞争对手优势一般　6～7分
- 竞争较激烈或竞争对手有一定优势　3～5分
- 竞争很激烈或竞争对手优势较大　　0～2分

赛道长度

④未来市场增长的潜力如何？

根据图4-4判断产业目前处于哪个发展阶段、预计未来3～5年的年化增长率，年化增长率越高，得分越高。

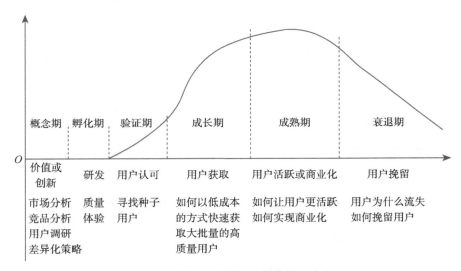

图4-4　产业生命周期的各个发展阶段

评分标准：

- 年化增长率＞30%　　　　　　　　8～10分
- 年化增长率15%～30%　　　　　　6～7分

- 年化增长率 0 ～ 15%　　　　　　3 ～ 5 分
- 年化增长率＜ 0　　　　　　　　0 ～ 2 分

⑤赛道进入门槛有多高？

评估进入业务线的门槛高低（包括相关认证或资质、技术、供应链、加工处理、客户、品牌、团队建设等方面），判断随着产业发展，是否会有强有力的新竞争对手大举投入并快速取得领先地位。进入门槛越高，得分越高（意味着一旦进入就可以为竞争对手设置竞争壁垒）。

评分标准：

- 进入门槛很高　　　　　　　　8 ～ 10 分
- 进入门槛较高　　　　　　　　6 ～ 7 分
- 进入门槛一般　　　　　　　　3 ～ 5 分
- 进入门槛不高　　　　　　　　0 ～ 2 分

⑥这类产品或技术被替代的概率有多大？

评估未来 3 ～ 5 年出现颠覆性技术或业务，以及被新技术或业务替代的概率有多大。概率越大，得分越低。

评分标准：

- 被替代的概率很小（＜ 10%）　　8 ～ 10 分
- 被替代的概率较小（10% ～ 20%）　6 ～ 7 分
- 被替代的概率一般（20% ～ 50%）　3 ～ 5 分

- 被替代的概率较大（＞50%）　　　　0～2分

⑦供应商支持力度有多大？

采购品越容易购得、供应商议价能力越弱、供应商之间竞争越激烈，得分越高。反之，采购品价格或供应波动较大、依赖少数供应商、供应商议价能力强，得分就低。

评分标准：

- 采购品容易购得、供应稳定、供应商议价能力较弱 8～10分
- 采购品价格及供应较为稳定、供应商议价能力一般　6～7分
- 采购品供应不稳定、供应商议价能力较强　　　　　3～5分
- 采购品供应不稳定、依赖少数供应商、供应商议价能力很强
　　　　　　　　　　　　　　　　　　　　　　　　0～2分

⑧客户赋能力度有多大？

客户增长前景好、盈利情况好、议价能力弱、友好合作意愿高，则得分高。

评分标准：

- 客户增长前景好、盈利情况好、价格敏感度低、友好合作意愿高　　　　　　　　　　　　　　　　　　　　　　　8～10分
- 客户增长前景较好、盈利情况较好、价格敏感度一般、友好合作意愿一般　　　　　　　　　　　　　　　　　　　　6～7分

- 客户增长前景不明朗、业务难以盈利、价格敏感度较高、压榨供应商　　　　　　　　　　　　　　　　　3～5分
- 客户行业处于衰退期、业务亏损、价格敏感度高、严重压榨供应商　　　　　　　　　　　　　　　　　0～2分

赛道高度

⑨我们的核心竞争力有多强？

判断业务线否具有比较优势乃至绝对优势，判断自己与竞争对手进步的相对速度和赶超的难度。

核心竞争力涉及技术与产品、加工处理能力、成本优势、供应链资源、客户资源、企业组织能力等方面，它是相对的，最好是对手难以模仿的或一段时间内难以超越的。

评分标准：

- 较竞争对手有显著优势（核心竞争力项目较多、优势较大）　　　　　　　　　　　　　　　　　　　　8～10分
- 较竞争对手有一定优势（有核心竞争力项目、优势不大）　　　　　　　　　　　　　　　　　　　　　6～7分
- 较竞争对手无显著优势（核心竞争力项目较少、优势不明显）　　　　　　　　　　　　　　　　　　　3～5分
- 较竞争对手无优势　　　　　　　　　　　　　　　　　　　　　　　　　　　　　　　　　　　　　0～2分

⑩内部协同性有多高？

评估业务线和其他业务线是否有协同效应（能否形成规模效应，是否需要相同资质，供应链、生产是否重叠，售后服务、销售团队可否复用，客户是否重叠，对组织能力的要求是否相同等）。

评分标准：

- 技术同源，业务互补，供应链或生产重叠，有规模效应，售后服务或销售团队可复用，客户重叠，对组织能力要求相同

  8～10分
- 技术相近，业务存在一定互补，供应链或生产重叠，有一定规模效应，客户有重叠，对组织能力要求相近　　6～7分
- 技术和业务相关性较低，供应链、生产、售后服务或客户不重叠，对组织能力要求不同　　　　　　　3～5分
- 技术和业务相关性较低，相互抢夺资源，供应链、生产或客户不重叠，对组织能力要求差异较大　　　0～2分

⑪ 业务突破的关键点有哪些？我们可以采取哪些举措？

列举业务突破的关键点，如研发（技术、产品），供应链，生产、品质、售后服务，销售能力，组织能力，投入资源（财务、人力）等，以及可以采取哪些关键举措。

评分标准：

- 业务突破的关键点较少，难度较低，所需时间较短，所需投

入资源较少　　　　　　　　　　　　　　　8～10分

- 业务突破的关键点数量一般，难度一般，所需时间不长，所需投入资源数量一般　　　　　　　　　　　6～7分
- 业务突破的关键点较多，难度较大，所需时间较长，所需投入资源较多　　　　　　　　　　　　3～5分
- 业务突破的关键点很多，难度很大，所需时间很长，所需投入资源很多　　　　　　　　　　　　0～2分

⑫业务前景展望（市场份额提升、收入增长、盈利能力）

结合行业增长预测，判断公司可否持续提升市场份额，收入快速（或稳定）增长，并且取得较高的毛利率。

评分标准：

- 市场份额大幅提升，收入快速增长，毛利率较高　　8～10分
- 市场份额小幅提升，收入稳定增长，毛利率一般　　6～7分
- 市场份额稳定，收入随行业增长，毛利率一般　　　3～5分
- 市场份额下降，收入减少，毛利率较低　　　　　　0～2分

从赛道宽度、长度和高度三个方面对业务层战略进行打分、评估后，各个业务层战略的轻重缓急便一目了然了，管理者在进行战略推演时就能做到心中有数，为其赋予或高或低的优先级。

表4-4是完整的业务层战略优先级评估表样表，供大家参考。

表 4-4　业务层战略优先级评估表样表

序号	评估维度	评分标准		业务线一		业务线二		业务线三	
				评估结果	得分	评估结果	得分	评估结果	得分
①	目前赛道市场规模有多大?(宽)	• > 100亿元	8～10分						
		• 50亿元～100亿元	6～7分						
		• 10亿元～50亿元	3～5分						
		• < 10亿元	0～2分						
②	赛道平均毛利率有多高?(宽)	• > 30%	8～10分						
		• 20%～30%	6～7分						
		• 10%～20%	3～5分						
		• < 10%	0～2分						
③	赛道竞争程度如何?(宽)	• 竞争不激烈或竞争对手优势较小	8～10分						
		• 竞争程度一般或竞争对手对手优势一般	6～7分						
		• 竞争较激烈或竞争对手有一定优势	3～5分						
		• 竞争很激烈或竞争对手优势较大	0～2分						
④	未来市场增长的潜力如何?(宽)	• 年化增长率 > 30%	8～10分						
		• 年化增长率15%～30%	6～7分						
		• 年化增长率0～15%	3～5分						
		• 年化增长率 < 0	0～2分						
⑤	赛道进入门槛有多高?(长)	• 进入门槛很高	8～10分						
		• 进入门槛较高	6～7分						
		• 进入门槛一般	3～5分						
		• 进入门槛不高	0～2分						
⑥	这类产品或技术被替代有多大?(长)	• 被替代的概率很小(< 10%)	8～10分						
		• 被替代的概率较小(10%～20%)	6～7分						
		• 被替代的概率一般(20%～50%)	3～5分						
		• 被替代的概率较大(> 50%)	0～2分						
⑦	供应商支持力度有多大?(长)	• 采购品容易购得，供应商稳定，供应商议价能力较弱	8～10分						
		• 采购品价格及供应较为稳定，供应商议价能力一般	6～7分						
		• 采购品供应不稳定，供应商议价能力较强	3～5分						
		• 依赖少数供应商，供应品供应不稳定，供应商议价能力很强	0～2分						

序号	问题	评分标准	分值
⑧	客户赋能力度有多大？（长）	客户增长前景好、盈利情况好、价格敏感度低、友好合作意愿高	8～10分
		客户增长前景较好、盈利情况较好、价格敏感度一般、友好合作意愿一般	6～7分
		客户增长前景不明朗、业务难以盈利、价格敏感度较高、压榨供应商	3～5分
		客户增长行业处于衰退期、业务亏损、价格敏感度高、严重压榨供应商	0～2分
⑨	我们的核心竞争力有多强？（高）	较竞争对手有显著优势（核心竞争力项目多，优势较大）	8～10分
		较竞争对手有一定优势（有核心竞争力项目，优势不大）	6～7分
		较竞争对手无显著优势（核心竞争力项目较少，优势不明显）	3～5分
		较竞争对手无优势	0～2分
⑩	内部协同性有多高？（高）	技术同源，业务互补，供应链或生产重叠，有规模效应或售后服务	8～10分
		销售团队可复用，客户重叠，对组织能力要求相近；技术相近，业务存在一定互补，客户有重叠，对组织能力要求相近	6～7分
		技术和业务相关性较低，供应链、生产、售后服务或客户不重叠	3～5分
		技术和业务相关性较低，相互抢夺资源，生产或客户不重叠，对组织能力要求差异较大	0～2分
⑪	业务突破的关键点有哪些？我们可以采取哪些举措？（高）	业务突破的关键点较少，难度较低，所需时间较短，所需投入资源较少	8～10分
		业务突破的关键点数量一般，难度一般，所需时间不长，所需投入资源一般	6～7分
		业务突破的关键点较多，难度较大，所需时间较长，所需投入资源较多	3～5分
		业务突破的关键点很多，难度很大，所需时间很长，所需投入资源很多	0～2分
⑫	业务前景（市场份额提升、收入增长、盈利能力）（高）	市场份额大幅提升，收入大幅提升，毛利率较高	8～10分
		市场份额小幅提升，收入稳定增长，毛利率一般	6～7分
		市场份额稳定，收入随行业增长，毛利率一般	3～5分
		市场份额下降，收入减少，毛利率较低	0～2分
得分合计			

图 4-5 ～图 4-7 是某企业利用长宽高模型评估其 5 项业务的实例。

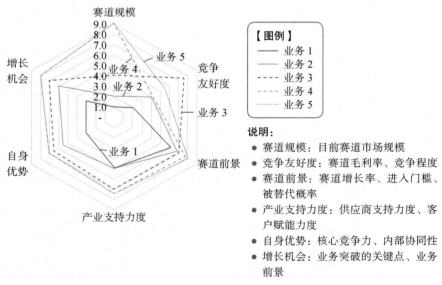

序号	评估维度
①	目前赛道市场规模有多大？
②	赛道平均毛利率有多高？
③	赛道竞争程度如何？
④	未来市场增长的潜力如何？
⑤	赛道进入门槛有多高？
⑥	这类产品或技术被替代的概率有多大？
⑦	供应商支持力度有多大？
⑧	客户赋能力度有多大？
⑨	我们的核心竞争力有多强？
⑩	内部协同性有多高？
⑪	业务突破的关键点有哪些？我们可以采取哪些举措？
⑫	业务前景展望（市场份额提升、收入增长、盈利能力）

图 4-5　某企业 5 项业务长宽高模型评估结果

【图例】
—— 业务 1
—— 业务 2
--- 业务 3
- - 业务 4
····· 业务 5

说明：
● 赛道规模：目前赛道市场规模
● 竞争友好度：赛道毛利率、竞争程度
● 赛道前景：赛道增长率、进入门槛、被替代概率
● 产业支持力度：供应商支持力度、客户赋能力度
● 自身优势：核心竞争力、内部协同性
● 增长机会：业务突破的关键点、业务前景

图 4-6　某企业业务战略优先级评估结果雷达图

图 4-6 将 12 个维度浓缩为 6 个维度，即赛道规模（含维度①）、竞争友好度（含维度②③）、赛道前景（含维度④⑤⑥）、产业支持力度（含维度⑦⑧）、自身优势（含维度⑨⑩）、增长机会（含维度⑪⑫）。雷达图的面积基本上代表了综合实力的强弱和机会的多少。

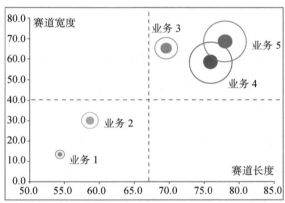

图 4-7 某企业业务成长机会矩阵图

图 4-7 的空心圆代表了未来 3 年的赛道规模，里面的实心圆代表了未来 3 年业务收入规模预测，中间的空白则代表了市场发展空间。这家企业原先是靠业务 3 起步的，市场占有率在国内高居第一，但市场空间不大，利用长宽高模型对各项业务进行分析后，它把业务重点转移到了业务 4 和业务 5 上，而且果断地放弃了业务 1。

经过一系列战略调整，这家企业的业绩有了大幅度提升，市值也实现了成倍增长。

　　需要注意的是，**业务层战略的优先级排序是一个持续进行的过程，因为业务层战略的优先级会随着内外部环境的变化而改变。**比如，当企业实施变革时，在变革的不同阶段，业务层战略的优先级是不同的。这要求企业时刻关注业务层战略的执行与发展，及时进行评估与调整，确保优先级最高的业务层战略与企业的总体发展战略方向始终保持一致。

　　长宽高模型不仅可以用于业务层战略的优先级排序，也是一个非常有用的战略洞察工具，通过长、宽、高三大方向12个维度的定量评估，洞察结果更具可比较性、可视性。

　　取势是一个基于未来思考现在的过程，要想让你的企业走得更长远一些，你就要看到更远的未来。

明道：让知与行更加统一

　　通过取势，有些企业找到了走出经营困境的希望，有些企业重新明确了发展方向，有些企业设定了新的愿景，但这些都只是起点，因为"势"毕竟是外部因素，要想真正把企业做大做强，需要从内部做出调整，这要求企业必须"明道"。

　　所谓明道，就是要明确企业提升之道，找到企业的成功路径。在明道阶段，管理者在战略研讨会上应引导大家讨论以下议题。

- 公司的阶段性（如3年或1年）目标是什么？
- 实现愿景及目标的价值驱动要素是什么？

- 企业的战略主题及内涵是什么？
- 围绕战略主题的核心策略是什么？
- 如何对关键成功要素做进一步分解，找到关键战略举措？

明道的过程就像剥洋葱，层层递进，层层深入。具体来说，明道可以分为三个步骤。

确定阶段性目标

阶段性目标对企业非常重要，这是因为，任何伟大的战略都要分解为一个个阶段性目标，是无数阶段性目标的达成造就了企业战略的最终实现。

为什么这么说呢？第一，阶段性目标为战略的实现提供了必要的支撑和保障。第二，阶段性目标有助于企业明确自己的方向和重点，避免盲目发展和资源浪费，提高了企业决策的准确性和灵活性。第三，阶段性目标有助于企业及时发现问题和调整战略，降低经营风险，提高了企业的市场适应能力和生存能力。

由此可见，企业的阶段性目标是战略落地、使企业获得长远发展的必要条件，企业应该根据自身情况和市场需求制定合理的阶段性目标，加强目标管理。

企业阶段性目标是从战略目标分解而来的，包括年度经营目标、季度目标、月度目标等，在第 5 章中我会对此进行详细讲解，在此不做赘述。关于阶段性目标，需要提醒的是，因为目标是自上而下、层层分解而来的，所以，无论哪一级目标，都应该与上一级目标保持一致。

找到达成目标的关键成功要素

明确企业的阶段性目标后，接下来要做的就是找到达成目标的关键成功要素。

企业的关键成功要素可以通过第 3 章所述的战略方程式来明确。如图 4-8 所示，在战略方程式中，Y 指的是目标，而 x_1、x_2、x_3 等则是关键成功要素。华星光电在应用战略方程式时所找到的 4 个 x——产能、产能利用率、良率、产品结构，就是关键成功要素。

$$Y = f\,\underbrace{(x_1, x_2, x_3, \cdots)}_{\text{关键成功要素}}$$

目标

图 4-8　战略方程式中的关键成功要素

在这一步骤，我们可以利用平衡计分卡（balanced score card，BSC）这个工具。平衡计分卡是一个综合性的管理工具，通过将目标、指标、行动和结果整合在一起，使企业更好地执行战略。它可以应用于不同类型的组织和行业，具有广泛的适用性和实用性。

平衡计分卡的核心思想是将企业的战略目标划分为四个维度的阶段性目标，如图 4-9 所示。

财务维度

包括企业的财务目标和指标，如收入、利润、资产回报率等。目的是测评如何满足股东和董事会的要求。

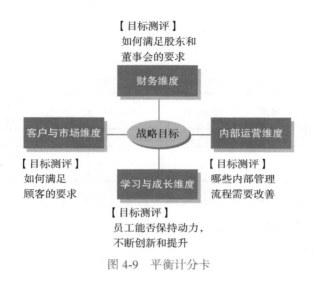

图 4-9 平衡计分卡

客户与市场维度

包括客户满意度、客户忠诚度等指标，目的是测评如何满足顾客的要求。企业需要关注客户的需求和满意度，从而提高客户忠诚度和市场占有率。

内部运营维度

包括企业内部各项业务流程的效率和质量等指标，如生产效率、质量水平等，目的是测评哪些内部管理流程需要改善。

学习与成长维度

包括企业员工的培训、学习和技能提升等方面的指标，目的是测评员工能否保持动力，不断创新和提升。企业需要关注员工的发展和成长，提高员工的素质和能力。

在关于关键成功要素的讨论中，参与战略推演的各小组应在充分讨论的基础上深入探索，并将达成共识的结论用以下表格呈现，如表 4-5 所示。

表 4-5 关键成功要素模板（灰色部分）

序号	维度	关键目标	量化指标	关键成功要素	
				要素描述	要素量化指标

我们还以上述的某企业为例，这家企业在战略推演会上从财务维度、客户与市场维度、内部运营维度、学习与成长维度分别找到了多个关键成功要素，并对其进行了要素描述，如表 4-6 所示。

表 4-6 某企业找到的多个关键成功要素

序号	维度	关键目标	量化指标	关键成功要素
1	财务维度	扩大规模	收入增长率	构筑双轮驱动模式（销售体系建设＋研产销协同作战）
				量产产品按时保质交货率
		增加效益	毛利率	材料成本同比降低
				提升原材料集中采购率
				降低单台制造费用
		提高效率	存货周转	提高计划准确率
				缩短核心物料采购提前期
				增加商务条款，约束客户提货周期
		业务发展	新业务收入	提升创新业务收入
				提升线上收入
2	客户与市场维度	提高大客户销售收入	TOP10 客户销售收入	客户 A：适度降低毛利率，快速提高营收，提高份额
				客户 B：保营收，小幅度提升毛利率
		提高市场占有率	行业 A 市场占有率、行业 B 市场占有率	主力产品降价
				拿下行业 A 的两家头部客户

（续）

序号	维度	关键目标	量化指标	关键成功要素
2	客户与市场维度	开发新客户	新增客户数量	开发ODM大客户
				开发海外新客户
		加强渠道建设	新增代理商数量	增加核心代理商
				增加一级代理商
				参加海外专业展会拓展代理商
		提高自有品牌收入占比	自有品牌销售额占比	制定品牌策略
				提高自有品牌新品准时上市率
3	内部运营维度	订单及时交付	订单及时交付率	提高客户需求预测准确率
				提升采购及时率
		提高产品竞争力	产品返修率、产品成本下降率、综合产品毛利率	提升产品质量、性能与服务水平
				降低单台制造费用
				提高制程直通率
		提升研发能力	新产品开发及时交付率、新增专利数量	提升研发效率
				提报高质量专利
		提高运营效率	人均净利润	建立利润中心制和成本中心制
4	学习与成长维度	引进关键人才	关键人才数量	盘点并确定公司关键岗位
				完成空缺关键岗位的招聘
				降低关键员工的主动流失率
		完善人才标准	岗位任职资格标准完成率	撰写各个岗位的任职资格标准
				提高员工职级评定覆盖率
				增加关键岗位的人均培训学时
		建设企业文化	组织氛围调查结果	提炼公司核心价值观
				提炼"优秀工作行为"，并进行宣传和贯彻
				建立企业文化相关制度
		建设IT系统	业务流程IT化	实施IT系统改造计划
				缩短主要流程处理周期
				降低IT用户投诉率
		提高流程效率	库存周转率	优化分层授权手册
				实现流程集成化，提高流程时效

这之后，战略推演会的参会者按照重要性对这些关键成功要素进行打分，打分时采用的是 10 分制，认为最重要的打 10 分，最不重要的打 1 分。经过现场讨论后，这家企业最终确定了十大关键成功要素，并细化了量化指标，如表 4-7 所示。

表 4-7 某企业最终确定的十大关键成功要素

序号	维度	关键目标	量化指标	关键成功要素
1	财务维度	扩大规模	收入增长率 ≥ 23.8%	构筑双轮驱动模式（销售体系建设 + 研产销协同作战）
2	内部运营维度	提高产品竞争力	产品返修率 ≤ 3.6% 产品成本下降率 ≥ 9% 综合产品毛利率 ≥ 43.4%	提升产品质量、性能与服务水平
3	客户与市场维度	提高大客户销售收入	TOP10 客户销售收入 ≥ 45.5 亿元	客户 A：适度降低毛利率，快速提高营收，提高份额
4	财务维度	提高效率	存货周转 ≥ 5 次 / 年	提高计划准确率
5	客户与市场维度	提高市场占有率	行业 A 市场占有率 ≥ 55% 行业 B 市场占有率 ≥ 43%	主力产品降价
6	客户与市场维度	开发新客户	新增客户数量 ≥ 6 家	开发 ODM 大客户
7	内部运营维度	提升研发能力	新产品开发及时交付率 ≥ 90% 新增专利数量 20 件	提升研发效率
8	内部运营维度	提高运营效率	人均净利润 ≥ 12.5 万元	建立利润中心制和成本中心制
9	学习与成长维度	建设企业文化	组织氛围调查结果	提炼公司核心价值观
10	学习与成长维度	建设 IT 系统	业务流程 IT 化	实施 IT 系统改造计划

需要注意的是，关键成功要素并不是一成不变的，在企业的不同阶段，关键成功要素也有所不同。所以，企业应该定期评估和更

新其关键成功要素，以确保它们与市场和环境的变化相适应，并在实现目标的过程中发挥作用。

找到关键战略举措，并进行风险评估

根据阶段性目标和关键成功要素，明确实现每个要素所需要采取的关键战略举措。

关键战略举措是企业在执行战略时必须采取的行动，是为了应对竞争压力、开发新市场、提高产品质量、优化成本结构、实现财务目标等所采取的具体措施。

那么，什么样的举措才是关键战略举措？它必须具备以下特点。

第一，关键战略举措与企业的战略目标直接关联，比如，如果企业的战略目标是提高客户满意度，那么建立优秀的客户服务体系就是一个关键战略举措。

第二，关键战略举措是长期的、持续性的，需要耗费一定的时间和资源才能实现。这些举措通常涉及企业组织、流程、技术、文化等方面的改变，要达到预期的效果，需要耐心和毅力。

第三，关键战略举措是可衡量的，可以通过一定的指标跟踪和评估。这些指标通常与企业战略目标直接相关，包括销售额、市场份额、利润率、客户满意度等。

第四，关键战略举措的关键程度很高，是企业在实现战略目标过程中必须完成的任务。如果这些举措没有得到充分的重视和支持，企业很难达成其战略目标。

第五，关键战略举措是切实可行的，企业要能够为其提供足够的资源和支持，确保其顺利实施。同时，企业还需要考虑自身的能力和条件，确保自己有能力完成这些举措。

企业需要认真分析和制定关键战略举措，并充分考虑其可行性、可衡量性和适应性，确保其实施结果符合预期。

在关于关键战略举措的讨论中，参与战略推演的各小组参照以下表格分环节展开，如表 4-8 所示。

表 4-8　关键战略举措模板（灰色部分）

序号	维度	关键目标	量化指标	关键成功要素		关键战略举措		
				要素描述	要素量化指标	关键举措	责任人	完成时间

我们仍以上述某企业为例，它在战略推演中针对十大关键成功要素的关键战略举措的讨论结果如表 4-9 所示。

这之后，还有容易被忽视但极其重要的一步——企业各小组对这些关键战略举措进行风险评估，具体来说，就是对这些举措的不可达成概率及其对成功要素的影响程度进行评分（10 ～ 1 代表概率、影响程度由高到低），如表 4-10 所示。

表 4-9　某企业的关键战略举措讨论结果

序号	维度	关键目标	量化指标	关键成功要素		关键战略举措		
				要素描述	要素量化指标	关键举措	责任人	完成时间
1	财务维度	扩大规模	收入增长率≥23.8%	构筑双轮驱动模式（销售体系建设+研产销协同作战）	3 月底完成	识别销售关键岗位、关键能力，构建销售人员的奖励与淘汰机制；推行事业部总经理产品负责制		
2	内部运营维度	提高产品竞争力	产品返修率≤3.6%，产品成本下降率≥9%，综合产品毛利率≥43.4%	提升产品质量，性能与服务水平	性价比提升	有前瞻性地规划产品；缩短研发周期，降低研发成本；研发部门加强外部协作与竞品学习		
3	客户与市场维度	提高大客户销售收入	TOP10客户销售收入≥45.5亿元	客户A：适度降低毛利率，快速提高营收，提高份额	客户 A 毛利率降低 3 个百分点	确定降价方案；导入产品原材料降本方案		
4	财务维度	提高效率	存货周转≥5次/年	提高计划准确率	计划准确≥93%	每月定期召开销售与运营计划拉通会；将计划准确率纳入考核		
5	客户与市场维度	提高市场占有率	行业A市场占有率≥55%，行业B市场占有率≥43%	主力产品降价	主力产品降价 10%	确定降价方案；主力产品降本		
6	客户与市场维度	开发新客户	新增客户数量≥6家	开发ODM大客户	开发 4 家 ODM 大客户	大客户客情维护；大客户快策摸底		

（续）

序号	维度	关键目标	量化指标	关键成功要素		关键战略举措		
				要素描述	要素量化指标	关键举措	责任人	完成时间
7	内部运营维度	提升研发能力	新产品开发及时交付率≥90%，新增专利数量20件	提升研发效率	缩短研发周期	建立产品开发决策委员会		
						优化产品开发流程，将产品开发、技术研发、平台研发分离		
						梳理研发组织架构和能力，划分部门职责，设计并执行研发人员绩效激励方案		
8	内部运营维度	提高运营效率	人均净利润≥12.5万元	建立利润中心制和成本中心制	降低利润中心费用和成本中心费用	建立利润中心制和成本中心制，确定核算规则和利润分配方案		
						建立研产销信息同步机制，以IT系统为支撑		
9	学习与成长维度	建设企业文化	组织氛围调查结果	提炼公司核心价值观	4月底完成	完成组织绩效分解		
						组织企业文化共创会		
10	学习与成长维度	建设IT系统	业务流程IT化	实施IT系统改造计划	100%完成	CRM系统上线		
						建立IT服务门户		
						IT系统覆盖率达到95%		

表 4-10 关键战略举措达成风险评估模板（灰色部分）

序号	维度	关键目标	量化指标	关键成功要素		关键战略举措			风险评估	
				要素描述	要素量化指标	关键举措	责任人	完成时间	举措不可达成概率（10～1）	举措对成功要素的影响程度（10～1）

评分之后，便形成了这家企业的风险地图，如图 4-10 所示。

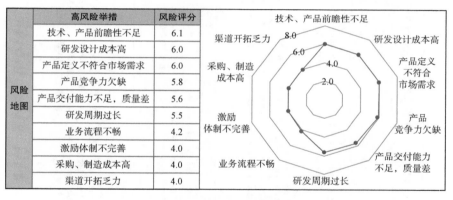

风险地图	高风险举措	风险评分
	技术、产品前瞻性不足	6.1
	研发设计成本高	6.0
	产品定义不符合市场需求	6.0
	产品竞争力欠缺	5.8
	产品交付能力不足，质量差	5.6
	研发周期过长	5.5
	业务流程不畅	4.2
	激励体制不完善	4.0
	采购、制造成本高	4.0
	渠道开拓乏力	4.0

图 4-10 某企业的风险地图

通过以上三个步骤，我们就能找到企业的关键成功要素和目标的具体实现路径，战略推演会的主要成果——年度战略地图也就由此形成了。

我们来看看上述某企业通过战略推演会最终形成的年度战略地图，如图 4-11 所示。

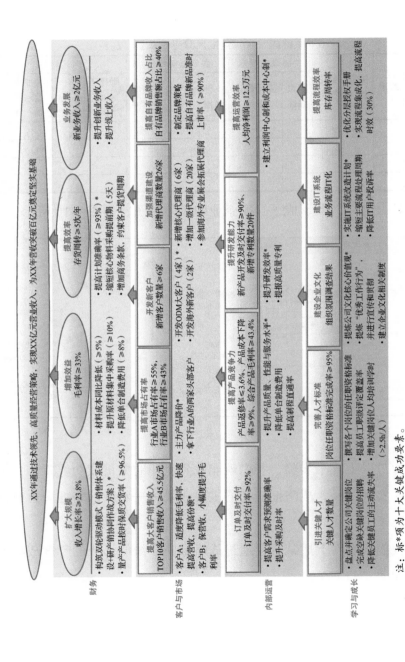

图 4-11 某企业的年度战略地图

注：标*项为十大关键成功要素。

从本质上来说，明道的过程其实就是分解战略方程式，找到 x_1、x_2、x_3、x_4……的过程。通过这个过程，企业的长短期发展目标被传达给全体员工，每一个员工都明确了企业的战略方向和自己应承担的任务与责任，并因绩效与目标的结合而深受激励，知与行由此更加统一，战略落地也因此得到了根本性的保障。

优术：搭起战略与执行的桥梁

古往今来，谋大事者，无不顺势而为、以道为本，但要成事，离不开术。势、道与术是相互影响、相互作用、相互促进的。我们在做战略推演时，如果只会取势、明道，却不会优术，那么，战略制定得再好，也无法真正落地。

很多企业的故事就说明了这一点，它们把握住了时代的大势，选择了好的赛道，也制定了很好的战略，但是却没有建立起行之有效的战略执行体系，导致战略成了无根之木，根本实现不了。

所以，在当下这个瞬息万变的时代，企业必须不断优术，用有效的方法、工具来解决问题，确保战略的实施。

优术也可以通过三个步骤来进行。

分解和优化关键战略举措

将关键战略举措分业务和职能进行分解，可以帮助企业更加具体、清晰地实现战略目标，主要体现在以下几个方面。

一是明确任务责任。通过将关键战略举措分解为具体的任务，并分配给相应的职能和业务，可以使每个人员的任务、责任更加清晰，避免任务的模糊和冲突，提高任务执行的效果和质量。

二是提高任务执行效率。通过分解和优化任务，可以将复杂的战略举措分解为多个可操作的任务，每个任务更加具体和明确，更容易执行和管理，从而提高任务执行的效率和准确性。

三是有效协调不同职能和业务之间的合作。将任务分配给相应的职能和业务，可以协调不同职能和业务之间的合作，提高企业内部协作效率，降低任务执行的成本和风险。

四是提高资源利用效率，更好地利用企业的资源，如人力、物资、技术等资源，避免浪费和重复投入。

关键战略举措的分解和优化是一个复杂的过程，需要结合企业的具体情况和目标进行具体分析。较为常见的步骤是，首先明确关键战略举措的目标，以及实施的时间和空间范围。然后将企业的业务和职能进行分类，如销售、生产、人力资源、财务等。这之后，将关键战略举措分解为一系列具体的任务，每个任务都应该是可操作的、可衡量的、可控制的。任务分解应该从整体到局部，从高层到底层，尽可能详细地划分。

接下来，为每个任务分配具体的负责人，并明确其任务职责和工作要求。任务负责人应该具有相关的专业知识和技能，同时也需要有较强的执行力和组织协调能力。最后，根据任务的性质和要求，确定任务所需的资源，如人力、财务、物资、技术支持等。在这个过程中，需要制订资源分配计划，从而合理分配和利用企业的资源。

通过以上几步，企业就能对关键战略举措进行分解和优化，使得每个具体任务的执行更加精准和高效。

明确关键绩效指标

明确企业的关键绩效指标是企业战略执行过程中的重要一环，关系到绩效的评估和企业目标的实现。

关键绩效指标是一系列能够对企业的发展以及成功起到重要作用的评价指标，是用来评估企业某个工作岗位员工工作绩效的具体量化指标，是对员工绩效完成效果最直观的判断标准。

采用关键绩效指标法，能使企业管理者把主要精力放在能够对绩效产生最大驱动力的经营行动上，及时对生产经营活动中出现的问题进行诊断，并及时采取改进措施，提高绩效水平，确保战略得到有效执行。

明确关键绩效指标的意义在于，通过这个过程对企业的战略目标进行层层分解，使企业的战略目标成为个人的绩效目标，使员工的工作行为与企业需求更加契合，在实现个人绩效目标的同时，实现企业的总体发展目标，从而实现双赢。

跟踪落实重大项目，形成闭环反馈机制

企业的业务主要是通过项目的方式来完成的，对项目的管理也是优术的重点。为此，企业需要组建专门的项目管理团队，负责项

目的执行。项目管理团队应该具有丰富的项目管理经验和技能，能够有效地推进项目进展和解决问题。同时，还要制订详细的项目计划，项目计划应包括项目阶段、任务和责任人等信息，具有可操作性和可追溯性，以便后续跟踪和评估。

对企业的重大项目，只通过关键绩效指标来评估还不够，还要跟踪其执行的整个过程。因此，项目跟踪和评估机制是必不可少的，可采取定期会议和报告等形式。项目跟踪和评估应该基于关键绩效指标，确保项目在规定时间达成预期目标。企业需要根据项目跟踪和评估结果，及时进行反馈和调整。如果项目出现偏差或产生问题，项目管理团队应该及时采取措施，确保项目按计划完成。

项目跟踪和评估的结果，要及时反馈到企业战略和业务决策中。通过持续改进和调整，企业可以不断提高项目执行效率和质量，从而形成闭环反馈机制。

优术是连接战略与执行的桥梁。只有将科学的工具、方法应用于企业的战略推演、战略管理，把道与术融会贯通，企业的战略才更容易成功。对一家企业来说，如果优术做得好，企业的竞争优势就会比较突出，往往会比其他企业发展得更快、更长远一些。

第 5 章

经营循环论：
打造战略—运营—
绩效闭环的经营循环

在企业经营中，战略不能代替运营，运营也不能代替战略。如果把两者分开，它们就都无法发挥作用。战略和运营的脱节，是企业经营中最大的痛点之一。成功的企业无一不是将战略和运营高效契合，使其与绩效一同形成闭环的经营循环。

战略、运营、绩效应形成闭环

企业经营实践中有两个很大的痛点，一是我们在前文中已经讲过的战略与运营的脱节，二是战略、运营与绩效没有形成闭环，从而使企业找不到螺旋上升的路径。

在企业经营管理中，我经常强调两个概念，一个是"循环"，另一个是"闭环"。"闭环"这个词我们经常听到，它是一种思维模式，也是一种管理理念，指的是一组要素中每个要素的输出都会直接或间接地对其他要素产生影响，这种影响最终会作用于它自身，由此，各个要素的互相影响形成了一个头尾相接的循环，实现持续性的运行。在这种循环中，每个要素都会受到其他要素的影响，并且反过来给其他要素带来影响，这样一直循环下去，直到系统达到平衡或者稳态。用一句简单的话来说，闭环就是从哪里来再到哪里去，在这个循环的过程中实现不断的反馈、调整与改进。如果用第3章因果链论的视角来看，闭环就是形成一条完整的因果链。

战略、运营与绩效必须形成闭环，这对企业来说具有重要的意义，因为这三者的相互作用会为企业提供一条螺旋上升的路径，使企业获得可持续增长，在市场竞争中始终保持优势和竞争力。

然而，在管理实践中，我清晰地看到，并非所有的管理者都能认识到闭环的重要性，我将企业的闭环思维从低到高分为四个层级。

无意识层级

处于无意识层级的企业，它的管理团队对闭环的重要性没有充分的认识和理解，对战略、运营和绩效之间的紧密联系不曾进行深入思考和分析，也没有采取相应的措施推动经营循环的闭环，难以实现战略和运营的无缝连接，也难以对绩效进行有效的监测和管理。

独立层级

处于独立层级的企业开始有意识地分别对战略、运营和绩效进行管理，但三者仍然是独立的，没有彼此关联。

部分闭环层级

在部分闭环层级，企业已经认识到战略、运营和绩效之间的紧密联系，开始采取一些措施加强三者之间的相互作用，实现了一定程度的闭环。

全面闭环层级

在全面闭环层级，企业已经形成了高度闭环的经营循环，实现了战略、运营和绩效之间的紧密连接，能够灵活调整战略和运营，快速响应市场变化，实现高效运营和持续发展。

为了帮助企业进入全面闭环层级，我提出了经营循环论。这一理论的目的是在企业中打造战略—运营—绩效的经营循环，使企业实现从战略到规划，到运营，再到考核与激励的最高层级的全面闭环。

企业经营循环是典型的 PDCA 循环

企业经营循环的构建可以用一张图来展现，如图 5-1 所示。

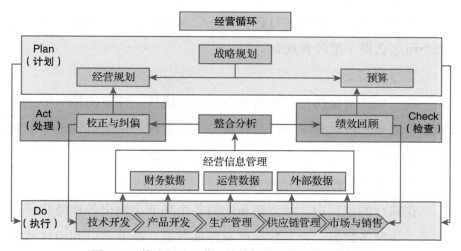

图 5-1 "战略驱动运营，绩效促进改善"的经营循环

这是一个典型的 PDCA 循环。PDCA 循环很多人都有所了解，它是由美国质量管理专家沃特·阿曼德·休哈特首先提出的，后被威廉·爱德华兹·戴明普及，所以它又被称为戴明环。PDCA 循环

最初是质量管理的基本方法，其含义是将质量管理分为四个环节，即 Plan（计划）、Do（执行）、Check（检查）和 Act（处理）。

我所构建的经营循环同样包括这四个不断循环的环节。

Plan（计划）

在经营循环的计划环节，企业首先要做好战略规划。但是，如果只到这个层面是远远不够的，战略规划一定要分解为经营规划，并且要做出合理的预算。

现在很多企业做预算的时候就只做预算，在此之前少了一个关键的环节——做年度经营规划（business plan，BP），这导致预算只是一个财务预算，效果大打折扣。在后面的章节中，我将为大家详细介绍怎么做年度经营规划。

Do（执行）

第二个环节是执行，如何执行呢？组成这一环节的是一个完整的经营链条：技术开发→产品开发→生产管理→供应链管理→市场与销售。当然，有些企业的经营链条更为复杂。

Check（检查）

在执行的过程中，经营链条中的各个环节会输出各种经营管理数据，如财务数据、运营数据以及外部数据，企业可以利用这些数据进行整合分析，与预算做对比，与之前制订的各项计划做对比，从而进行绩效回顾，这就是检查环节。

Act（处理）

处理环节指的是校正与纠偏，对企业的经营管理进行改善，在这之后，再回到计划环节，指导计划环节进行调整，做出更准确的战略规划。如此循环。

经营循环论是放之四海而皆准的基本方法论，构建经营循环对于企业的发展至关重要，因为经营循环是战略与运营高效协同的连接器，是企业绩效的放大器。在这个循环体系中，战略是企业未来的发展方向，运营是实现战略的有效手段，绩效则能充分反馈运营的结果并对战略进行调整和优化，使企业获得持续增长。

建立企业经营竞争力模型

要建立战略—运营—绩效闭环的经营循环，我们需要为企业建立一套完善的经营管理系统。这套经营管理系统是以企业经营竞争力模型为基石的。

我曾经为华星光电建立过一个经营竞争力模型（功能系统），如图 5-2 所示。

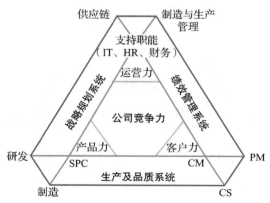

图 5-2　华星光电的经营竞争力模型（功能系统）

经营竞争力模型也是一个钻石模型，它是如何建立的呢？

我们首先来分析：华星光电的竞争力来自哪里？大致来讲，有三个来源：运营力、产品力和客户力。这是经营竞争力模型的三个重要因素。

其中，运营力有三个主要的支撑点，即供应链、制造与生产管理、支持职能（IT、HR、财务）；产品力则是由研发、制造和SPC（统计过程控制）来决定的；而客户力的三大支柱是CM（客户管理）、PM（产品管理）、CS（客户服务）。这些要素相互连接就形成了企业的三大经营管理系统——战略规划系统、绩效管理系统以及生产及品质系统。由此，企业的经营竞争力模型就初步设计出来了。

但是，我们要注意的一点是，在图5-2中，支撑运营力、产品力和客户力的都是功能系统，我们还要为这些功能系统赋予竞争力的内涵，于是就有了图5-3。

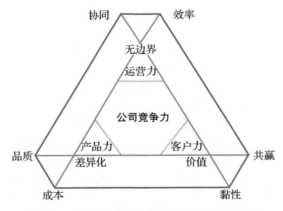

图 5-3 华星光电的经营竞争力模型（内涵）

图 5-2 与图 5-3 就像是硬币的两面，一面是构建企业竞争力的功能系统，另一面则是其背后的内涵。从图 5-3 中我们可以看到，运营力要求企业追求协同、效率与无边界，产品力要求企业追求品质、成本与差异化，客户力则要求企业追求价值、共赢与黏性。

功能系统与背后的内涵结合在一起，就形成了一个完整的经营竞争力模型。根据这一模型，企业可以构建经营管理系统。当企业的战略规划系统、绩效管理系统以及生产及品质系统都建立起来，当企业的运营力、产品力与客户力都发挥到极致时，企业就具备了强大的竞争力。

企业的经营管理系统构建完成后，还有一项必不可少的工作，就是建立它的内部传动机制。我们还以华星光电为例，当时其内部就建立了一个齿轮式的传动机制，如图 5-4 所示。

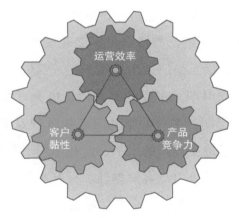

图 5-4　华星光电的内部传动机制

企业的整个经营管理系统就像是一个大齿轮，其中包括三个齿轮：运营效率、产品竞争力和客户黏性。在这三个齿轮中，又各有三个小齿轮，如图 5-5 所示。

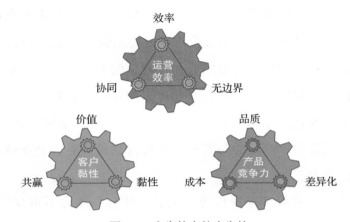

图 5-5　大齿轮中的小齿轮

由此，就建立起了"小齿轮带动大齿轮"的公司运作机制。关于这一机制，我在第 8 章中会进行详细阐述。

需要注意的一点是，**市场环境的变化使企业不断调整经营方式，每个小齿轮的相互协同关系虽然不变，但位置却会由此发生变化。**而且，在不同时期，主要的驱动齿轮也会有所不同。如图 5-6 所示，在市场上行期，主要的驱动因素是运营效率。运营效率高，企业的经营就会维持在较高的水平。但在市场下行期，主要的驱动因素则变成了产品竞争力与客户黏性。只有产品在市场上有较强的竞争力，并且保持客户黏性，企业的经营才能有效进行。

一定要找到企业的主齿轮，找到真正的驱动因素，只有这样，企业的经营管理系统才能高速运转起来。

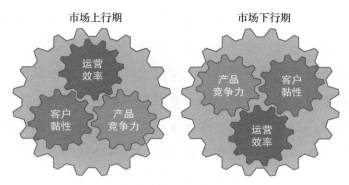

图 5-6 不同时期的主要驱动因素有所不同

基于战略目标做好年度经营规划

如果把做战略规划尤其是中长期战略规划比作做"语文题"，那么做年度经营规划就是做"数学题"，正如稻盛和夫所说，哲学只有变成数字才是经营，从战略规划到年度经营规划的过程就是从"语文题"向"数学题"的转化。

年度经营规划指的是未来一年内指导企业或组织实现经营目标的具体行动计划，它作为一项能帮助企业实现长期战略目标的重要管理工具，现在已经被越来越多的企业熟知与应用。

在战略—运营—绩效闭环的经营循环中，年度经营规划处于非常关键的位置。通过体系化地制定年度经营规划，能厘清经营活动因果链，实现企业全链条拉通，助力企业构建起螺旋上升的经营循环，确保战略达成。

更具体地说，年度经营规划能打通战略与运营，将战略规划分解为年度经营规划，并清晰明确地拆分到具体的业务单元与责任部门，确保战略落地；能以时间线、量化目标制订经营行动计划，为年度经营决策提供预测支持；能持续跟踪监控公司经营情况，快速对比经营偏差，准确分析原因，有效找到解决与改善对策，避免经营忙乱无序；能建立有秩序的年度经营管理体系，有助于公司各级经营层管理人员建立经营观念和意识，提升团队经营管理能力；能反向影响公司战略，促进战略调整与优化。

《孙子兵法》说："胜兵先胜而后求战，败兵先战而后求胜。"这句话的意思是，在战争中，成功的军队会在充分准备和充分考虑后再发起进攻，而失败的军队则会在没有充分准备的情况下发起进攻，希望通过苦战来侥幸获得胜利。战争如此，经营企业也是如此，没有经营规划的企业如同蒙眼作战，看不清楚自己的方向，不知道自己在做什么、要走向何方。这导致它们难以做出有效的决策，不能充分地利用资源和机会，更无法预测市场和行业的变化，在面对行业变化和竞争压力时会产生很大的风险和不确定性。而好的年度经营规划能在经营尚未开始之前为企业明确目标和方向，建立起战略目标与实际行动之间的有效连接，谋定达成目标的胜局。

那么，年度经营规划应如何制定呢？

为了充分发挥年度经营规划的作用，企业通常要在每个财年的最后三四个月将年度经营规划制定出来，以便从新年伊始就推进落实各项经营工作，确保按规划实现经营目标。

在这三四个月的时间里，企业要做以下 10 个工作事项：启动通知、制定技术规划、制定产品规划、制定年度经营规划、研讨战略与经营策略、制定年度全面预算、设置组织绩效、立项公司级项目、制定激励方案、召开年度工作会议。企业应该严肃对待、完整深入地开展每一个工作事项，无特殊情况不做删减省略。

每一个工作事项，一般都需要经过启动、初版、优化、定稿等步骤。通过这些步骤，企业可以进行自上而下、自下而上的信息交流，确保规划过程中参与人员沟通充分、分析推演严谨客观。

年度经营规划的 10 个工作事项的日程安排大致如图 5-7 所示，9 月上旬启动年度经营规划工作，在次年 1 月中旬完成所有的年度经营规划事项，以年度工作会议向全员传达必要的经营规划内容，传递实现新年度经营目标的决心与信心。

年度经营规划的制定是全公司集中精力与智慧，为新的财务年度制定目标、细化行动方案、规划重要资源的过程，涉及前端经营部门、平台支持部门等各个部门。其中，部门之间的协调效率最为关键，在启动年度经营规划之初提前明确各环节的分工与职责，可以为顺利推进年度经营规划工作打下良好基础。

具备产品、研发、供应链、销售、平台等职能的企业，在年度经营规划中的分工与职责可参考表 5-1。

完成表中的 10 个事项，一份完善的年度经营规划就成形了。一份好的年度经营规划应该具备以下几个特点。

第一，它是自上而下同时又自下而上的，能明确公司目标，达成全员共识。

第二，它能帮企业找到关键成功要素。

第三，它为企业部署了关键战略举措，促进了资源的有效利用。

第四，它明确了绩效责任，使人人都知道自己应承担什么责任。

第五，最重要的是，它实现了战略—运营—绩效的闭环，有效避免了有战略无落地、有目标无计划导致的盲目经营、主观经营。

事项	9月			10月			11月			12月			次年1月		
	上旬	中旬	下旬	上旬	中旬	下旬	上旬	中旬	下旬	上旬	中旬	下旬	上旬	中旬	下旬
1 启动通知	启动 通知 ★														
2 制定技术规划	启动 技术规划会 技术规划优化 定稿 ★														
3 制定产品规划	启动 产品规划会 产品规划优化 定稿 ★														
4 制定年度经营规划	启动 初版 评审和调整 定稿 ★														
5 研讨战略与经营策略	启动 事业部经营策略研讨 公司战略研讨 定稿 ★														
6 制定年度全面预算	启动 初版和评审 二版和评审 定稿 ★														
7 设置组织绩效	启动 初版 汇报和调整 定稿 ★														
8 立项公司级项目	启动 汇报和调整 定稿 ★														
9 制定激励方案	启动 初版 汇报和调整 定稿 ★														
10 召开年度工作会议	启动 初版 汇报和调整 召开 ★														

图 5-7　年度经营规划工作事项的日程安排

表 5-1　企业年度经营规划的分工与职责

事项 1		启动通知	事项 2		制定技术规划
主要工作		1. 成立年度经营规划工作小组，确定年度经营管理规划的时间、进程 2. 根据内部职能确定各事项的主导部门，参与部门，以及事项之间的输入输出关系 3. 发布年度经营规划工作启动通知	主要工作		1. 洞察分析行业技术发展趋势，梳理自身技术储备，确定发展阶段和方向 2. 根据洞察分析制定公司技术发展路线 3. 与产品规划协同评估技术开发进展与资源投入需求
主导	部门	年度经营规划工作小组（简称工作小组），可以指定总经办、CEO办公室、财务部门的人员为小组执行负责人	主导	部门	研究院、研发中心或技术中心
	职责	1. 筹备年度经营规划工作，成立工作小组 2. 拟定年度经营规划工作事项安排，确定工作分工与职责 3. 拟定与发布年度经营规划工作启动通知		职责	1. 洞察分析行业，编制年度技术规划 2. 协同各事业部、子公司的技术研发需求 3. 评估资源需求与投入
参与	部门	包括子公司或事业部的主要经营和运营部门，以及平台职能部门在内的所有一级部门	参与	部门	技术委员会、总经办、产品中心（产品管理部）、HR部门、财务部门
	职责	1. 了解公司年度经营规划工作具体进程与要求 2. 针对本部门主导，参与的事项进行任务分解与准备		职责	1. 技术委员会：评审技术规划，提出技术发展方向和技术规划优化建议 2. 总经办：提供技术规划模板，组织相关方参与评审讨论，跟进优化调整直至定版 3. 产品中心：收集反馈前端市场信息，协助分析需求变化，参与评审技术规划 4. HR 部门、财务部门：了解技术团队资源需求，评估资源可实现度

（续）

事项 4	制定年度经营规划（BP）
主要工作	1. 根据市场增长、战略规划对业务的要求，评审制定年度 BP 2. 细化与分解 BP 结构，从时间、产品、销售区域、客户类型、成本毛利水平等维度推演评审 BP 可行性
主导 部门	总经办、子公司或事业部的主要经营和运营部门
主导 职责	1. 总经办：统筹规划，制定年度 BP 表模板，分析同比增长情况，相较行业完成竞争对手增长情况、产品结构、区域结构、渠道结构等维度，组织 BP 评审，对子公司或事业部的 BP 提出调整意见与公司要求，跟进优化调整 2. 子公司或事业部的主要经营和运营部门：根据技术路线、产品结构、毛利率、市场变化等各维度要素制定 BP，综合评审意见与要求调整 BP
参与 部门	财务部门、产品中心
参与 职责	1. 财务部门：提供 BP 解读成本数据，了解各业务板块 BP 结构与规模，为年度预算做编入准备 2. 产品中心：检查 BP 结构与产品规划的契合度

事项 3	制定产品规划
主要工作	1. 收集市场需求信息，分析需求变化趋势，定义产品并输出产品路线图 2. 与技术规划部门以及销售部门协同，明确产品上市关键节点，评估资源投入需求
主导 部门	产品中心（产品管理部）
主导 职责	1. 广泛收集市场信息，深入分析行业变化，编制产品路线图 2. 平衡协调技术与销售的需求与资源，定义产品并制订产品上市计划 3. 解析产品矩阵与市场矩阵，管理产品生命周期
参与 部门	产品委员会、总经办、研发中心、事业部或销售部、市场部、HR 部门、财务部门
参与 职责	1. 产品委员会：评审产品规划，提出改善优化的建议和要求 2. 总经办：提供产品规划模板，组织相关方参与评审讨论，跟进优化调整 3. 研发中心：了解产品前端市场信息，产品定义与规划，协助分析可行性，参与评审产品规划 4. 事业部或销售部、市场部：反馈研发与市场信息 5. HR 部门、财务部门：了解产品规划的资源需求，初评资源可实现度

（续）

事项 6	制定年度全面预算
主要工作	1. 开展预算收集，进行预算编制和分析 2. 统筹费用支出、资金需求等数据，编制损益表、现金流量表
主导 部门	财务部门
主导 职责	1. 负责规划与组织全公司年度预算工作，出具预算编制模板，收集与测算财务数据 2. 分析预算的合理性与必要性，编制年度预算评审和跟进推动预算风险调整建议，组织预算评审，算调整优化
参与 部门	所有部门
参与 职责	1. 总经办：协助财务部门组织与审评预算表，督促跟进预算调整 2. 其他所有部门：了解预算编制规则，编制预算并接受评审意见调整预算，掌握如何管控部门预算

事项 5	研讨战略与经营策略
主要工作	1. 综合技术路线、产品规划、市场变化，组织年度经营策略研讨会，分解 BP 结构，明确业务推进节奏 2. 推演解析经营策略，确保其对公司整体战略的支持覆盖，确定工作重心与资源投入方向 3. 对公司整体经营规划做推演研讨，输出年度战略地图
主导 部门	总经办、子公司或事业部的主要经营和运营部门
主导 职责	1. 总经办：负责在综合各经营单元信息的基础上组织全公司经营策略讨论会，确定战略主题和战略地图 2. 子公司或事业部的主要经营和运营部门：分析总结年度工作，洞察与分析经营形势变化，新年度设置经营目标，研讨经营策略，优化改善经营布局与规划
参与 部门	研发中心、产品中心、财务部门、HR 部门
参与 职责	1. 研发中心、产品中心：参与有价值的研讨，贡献有价值的建议 2. 财务部门：参与各级经营策略研讨，协助提供相关信息，并结合业务规划为年度预算做准备 3. HR 部门：了解经营策略，为业务团队调配与人员规划

（续）

事项 8	立项公司级项目
主要工作	1. 根据战略地图指引提炼与确定年度公司级项目 2. 完成项目团队组建、立项规划，推动项目启动运转
部门	总经办
主导 职责	1. 根据战略地图中的重要目标指向，将跨部门协同多而广的事审立项为公司级项目 2. 据报公司级项目经理人选、确定项目团队，设置公司级项目目标与范围，协助公司级项目开展
部门	相关部门、总经办或项目主导部门
参与 职责	1. 相关部门：了解并及配合项目组调配资源，共同推进公司级项目 2. 总经办或项目主导部门：确定项目立项之后逐步承担项目管理者职责，推进项目立项并顺利启动和开展工作

事项 7	设置组织绩效
主要工作	1. 设置各部门组织绩效目标，将公司战略地图分解到各级部门的年度工作要求 2. 细化组织绩效的目标、考核方案，签署组织绩效承诺书
部门	总经办、HR 部门
主导 职责	1. 总经办：制定经营相关的一级部门组织绩效目标，细化考评规则与方案 2. HR 部门：为平台支持部门制定组织绩效目标，并跟进各层级的工作指标的分解落实，完善年度绩效闭环机制、制定激励方案的考核目标与评估细则
部门	所有部门
参与 职责	协助参与制定部门年度组织绩效目标，并将部门指标有效地向下分解，做到所有指标向上有指向、向下有承接

（续）

事项 9	制定激励方案
主要工作	1. 根据经营规划战略地图，确定年度激励方案 2. 评审与测算激励细则，纳入年度预算更新
主导	部门 HR 部门 职责 1. 根据战略地图中的目标，通过激励方案对重要项目与工作进行牵引，引导资源投入与工作分配，为达成经营目标提供保障机制 2. 与子公司、事业部就提成、奖金等激励细则进行模拟测算，设置具体的考评规则，提请更新费用支出准备
参与	部门 财务部门、子公司或事业部的主要经营和运营部门、平台职能部门 职责 1. 财务部门：协助提供所需的经营预测数据 2. 子公司或事业部的主要经营和运营部门：配合完善管理制度，确定激励细则 3. 平台职能部门：了解激励制度，引导与管理团队期望

事项 10	召开年度工作会议
主要工作	1. 向全员或者大部分员工做本年度工作总结与下一年度工作规划，明确经营方向与目标，传递决心与信心，动员员工完成经营目标 2. 表彰优秀团队与个人，树立标杆和榜样，弘扬企业文化
主导	部门 总经办 职责 1. 确定工作年会时间、主题、议程，收集与提炼经营总结与规划信息，完成工作年会筹备工作 2. 参与优秀评选与表彰筹备工作
参与	部门 HR 部门及其他部门 职责 1. HR 部门：确定优秀表彰规则与奖项，完成评优与表彰 2. 其他部门：配合评优提报，参与评选过程

把握运营管理的中枢——经营分析会

正确认知经营分析会

　　企业要想打造经营循环，使战略、运营与绩效闭环，除了要做好年度经营规划，定目标、定战略、定分工，还要开好经营分析会。经营分析会是战略的落脚点，是运营管理的中枢，是管理中的推拉结合点，是完成组织绩效的传动器。只有开好经营分析会，企业才能建立 PDCA 循环，打造卓越的战略执行力。

　　我相信，大部分企业都会召开经营分析会，即使是中小型企业，也少不了这一步，但经营分析会是走过场还是能真正引领大家打胜仗，就不得而知了。我和很多企业家进行过交流，其中大多数人都表示：经营分析会虽然开了，但是很难达到他们预期的效果。在与他们进行了深度沟通后，我发现，这些企业的经营分析会通常存在以下问题。

- 不准时或在不合理的时间开经营分析会（时间不固定、开得太晚、开得太少）。
- 缺乏有效的经营数据，缺乏统一的经营语言。
- 没有差距分析。
- 没有找到真问题、真原因和解决问题的办法。
- 没有层层分解落实的会后跟进动作，缺乏延续性。
- 会议定位错误，安排混乱，没有重点，开成汇报会、诉苦会、表功会。

- 会议要么一团和气，要么争吵剧烈，没有有效沟通，不能有效管理和达成目标。
- 会议议而不决，决而不行，耗费组织的资源与精力，阻碍战略落地。

问题究竟出在哪里呢？追根溯源，原因主要有三点。

- 认知不清：团队对经营分析的认知不清晰。
- 能力不足：缺乏经营分析的方法和能力。
- 运作不畅：缺乏经营分析流程、组织和运作机制。

要想开好经营分析会，我们要对经营分析会建立清晰的认知。经营分析会通常以月为单位来举行，企业在每个月结束时，会召集相关部门负责人和管理层成员进行经营分析，评价过去的经营绩效，分析目前的经营状况，预测未来的发展趋势。经营分析的重点是分析企业经营业务的情况，关注下一步经营动向，确保分析报告信息的相对可靠性，对比竞争对手和其他企业的业绩，及时了解影响企业业绩增长的因素。

一场合格的经营分析会要做到及时、清晰地反映企业运行状态，掌握短期运营动向，为决策提供支持。

很多人把经营分析与其他一些管理理念混为一谈，在这里，我们需要澄清两个误区。

误区1：经营分析＝日常管理。

经营分析与日常管理并不能画等号，我们要警惕经营分析代替日常管理。经营分析是日常管理的提炼总结，能更好地明确下一步管理方向和要点。**经营分析要从管理中来，更要回到管理中去。**

误区2：经营分析＝预算管理。

经营分析是高于预算管理的。预算是年度经营规划的货币化体现，是衡量经营活动成效的重要标尺之一。**经营分析以预算为管理基础，结合日常运营变化来分析判断企业的运行状况，推进企业良性运转。**

如何开好经营分析会

经营分析会是企业的作战会议和指挥系统，必须聚焦于集中力量打胜仗。因此，经营分析会离不开"三聚焦"。

一是聚焦目标。经营分析会要聚焦年度经营目标，对照目标谈结果，对照目标谈差距，对照目标谈行动。

二是聚焦问题。要发现业绩的差距、经营的风险，更要找到问题的根本原因以及解决方向。

三是聚焦机会。真正帮助企业实现年度经营目标的是机会，因此，在经营分析会上，要列出未来的机会清单，了解这些机会能否支持年度经营目标，对准机会谈策略、行动与资源配置。

通过聚焦目标、聚焦问题、聚焦机会，企业可以更好地达成年度经营目标。**完成得好需要总结经验，完成得不好需要复盘改善。**

在经营分析会上，参会者可以遵循"五步法"来进行经营分析，它反映了经营分析的底层逻辑。在最终产出的经营分析报告中也应突出该底层逻辑。

第一步：呈现经营数据。

经营数据主要通过财务报表、管理报表、运营指标、市场表现来呈现，经营分析会的主持者要对这些报表和数据进行搜集、整理并善用。比如，利润表是反映企业在一段时间内的收入、成本和盈利情况的重要财务报表，利用利润表可以分析企业上个月的利润与损失，帮助管理层了解公司的收入来源、成本结构和盈利水平等。资产负债表反映了企业在某一时点的资产、负债和所有者权益状况，通过分析资产负债表可以了解企业的资产结构、负债结构和偿债能力，找出企业可能面临的风险或机会。而现金流量表反映了企业在某一时间段内的现金收入和支出情况，通过分析现金流量表可以了解企业的现金流量状况和现金管理情况，找出企业可能存在的现金流问题。而对不同运营指标、市场表现进行比较，可以评估企业的财务状况和经营绩效，如可以通过计算净利润率、资产负债率、流动比率等指标，评估企业的盈利能力、偿债能力和流动性。

在会上，主持者可以采用图片、表格等方式呈现这些数据，同时详细地解释和说明数据的含义和影响因素，让参会者获得直观的了解。同时，还要引导参会者对数据开展讨论，分析原因和影响。

第二步：明确结构。

对各种报表所呈现的经营数据进行分析，明确企业的财务结构，包括：

- 收入、成本、费用
- 客户、产品、区域
- 库存
- 应收账款和应付账款
- 现金

以成本和费用的结构为例，参会者可以讨论采取哪些措施来优化成本和费用结构，如削减不必要的成本和费用、优化管理结构、增加营销力度、优化供应链管理等。

第三步：找到根因。

找到影响企业本阶段发展的根本因素——是外部因素还是内部因素，并判断其影响程度。在这一步，要刨根问底，不挖出根源不罢休，不直指改善举措不放弃，形成团队的战斗作风和标准动作，从而实现闭环改善。

第四步：制定改善措施。

明确了影响因素后，接下来要做的就是制定改善措施。为了达到更好的改善效果，需要提出清晰的改进目标，拟订明确的行动计划，并做到资源协同，同时还要识别和规避风险。

第五步：建立长效机制。

要为企业建立一个长效的经营分析机制，确定经营分析会的会议流程、议事机制，为研产供销财制定合适的经营分析报告模板，同时要持续优化经营分析会的会议框架，体现管理需求。

这个长效机制还包括会后的跟踪落实，这主要包括三点。

第一，做好会议记录，第一时间以会议纪要的方式明确核心行动计划、责任人及完成时间等，如表 5-2 所示。

表 5-2　经营分析会会议纪要

序号	核心行动计划	责任人	协同部门	完成时间	目前状态	实际完成情况（时间、进度等）

第二，统筹跟进任务执行情况，及时解答责任人异议、协调资源，促成计划落实。

第三，将每期经营分析会首个环节设置为"上期遗留问题进展"，推进事项闭环。

经营分析五步法遵循的底层逻辑是先找问题，再找根因，然后改善、执行，并加以检查和监督，是一个完整的 PDCA 循环。

遵循以上的方法步骤和思维方式，我们就能把企业的经营分析会开出实效。

需要注意的是，有效地组织是秩序与效率的保障，因此，经营分析会的组织者要承担起预警、统筹、督促、带队等多重角色，成为企业决策的参谋部、业财融合的催化剂、落地执行的推动器、冲锋陷阵的排头兵。具体来说，组织者要做到使各个单元围绕经营分析报告写命题作文，确保主题聚焦；事先明确经营分析会议程，精选与会人员，大家分段参会，不陪会；会前提前准备、事先沟通，充分拉通相关部门分析，"家务事"不上会；会中围绕问题形成决议和共识，落实到行动计划、责任人和时限；会后及时布置任务，持续跟进，解决问题，形成闭环。

经营分析会是企业经营管理中不可或缺的重要工具，在打造战略—运营—绩效闭环的经营循环中更是发挥着举足轻重的作用，我们一定要用好这个工具，为企业的长期发展打下坚实的基础。

做好会议管理，助推企业经营发展

企业在经营管理过程中召开的各种运营会议，是战略、运营与绩效实现高效协同、形成闭环的保障。如果把企业比作一辆高速行驶的汽车，那这辆汽车行驶的目的地就是战略目标。而构成会议管理体系的各种会议，就是企业在通往目的地的过程中的导航工具，让企业看清前进的方向——有没有偏离战略目标？有没有出现什么风险？哪个模块出现了问题以及原因是什么？等等。在会议管理体系的保驾护航下，企业可以及时发现潜在的问题，并迅速做出改善决策，从而始终行驶在正确的道路上。

因此，我们要在企业中建立一套完善的会议管理体系，并把它用好，使从战略到落地的各项工作都分解到每个会议中，让这套体系成为企业经营发展的助推器。

企业的会议管理体系应围绕战略与运营来构建，从横向的时间上可以分为年度、季度、月度、周度等，从纵向的内容上可以分为执行、策略等。具体来说，这套高效的会议管理体系都包括哪些会议呢？分别是年度战略研讨会、半年度绩效回顾会、月度经营分析会、周度产销协同会、周度执委会会议、每日晨会，如图5-8所示。月度经营分析会在经营管理中发挥的作用尤为显著，我们在上一节中已经进行了详细的介绍，在此不再赘述。

构建绩效促进改善的会议管理体系

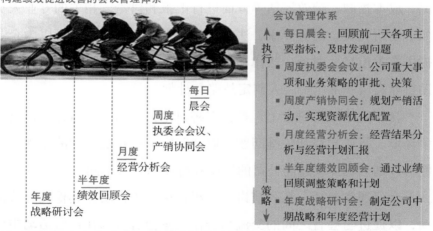

图 5-8 会议管理体系

年度战略研讨会

年度战略研讨会是企业内部的一个非常重要的高层决策会议，一年一次，通常在每年第四季度初召开第二年的战略研讨会，主要目的在于制定公司中期战略和年度经营计划。

年度战略研讨会的参与者通常是高层管理人员、各部门负责人和相关的专业人员。高层管理人员是企业战略的主要决策者，他们需要参与企业年度战略研讨会以审视企业的整体战略和规划，并确定未来一年的目标和计划。他们还需要审查和批准各部门负责人提出的具体战略和计划。各部门负责人是企业战略执行的主要责任人，他们需要参与企业年度战略研讨会以了解企业的整体战略和规划，并将其转化为部门战略和计划。他们还需要就部门的运营状况、成本控制、绩效评估等方面进行汇报和讨论。相关的专业人员如市场研究员、财务专家、法律顾问、人力资源专家等可以为企业提供有关市场、财务、法律和人力资源等方面的信息和建议，并协助企业高层和部门负责人制定战略和计划。

在年度战略研讨会上，参会者将讨论公司的长期目标、市场竞争环境、行业趋势和关键问题，以及制定下一年的中期战略和年度经营计划。具体议题随公司的性质和行业而有所不同。

会议通常包括一系列演讲、小组讨论、工作坊和其他交互式活动，以促进与会者之间的交流和合作。参会者可以在这些活动中分享他们的经验和见解，共同探讨公司面临的挑战和机遇，并制定解决问题的方案和目标。

要想开一场高效的战略研讨会，让核心团队制定战略并达成共识，企业应尤为注意以下重要事项。

- 设计好战略研讨会议程，包括但不限于三大议程：①讲解前期准备的文档，打开大家的思路，激发大家的想法；②对清单里列出的议题逐一进行探讨；③对关键问题现场讨论，得出结论。
- 会前列出需要研讨的核心议题，议题可以虚实结合。议题选定标准就是与企业发展战略相关的核心问题（10 ～ 20 道题）。虚的议题如大家对企业未来的憧憬等，实的议题如年度的财务目标和业务策略等。
- 会前做好市场数据准备工作，包括市场数据调研分析、标杆分析等。除了数据本身，需要列出企业面对的市场机会和可借鉴的标杆行为。
- 会前还要做好企业内部的财务数据、业务数据、管理数据的准备工作，除了数据本身，需要列出我们亟待解决的问题和可能面临的风险。
- 会前将议题和准备的数据分析形成文档，发给参会成员，让大家提前进入思考状态。
- 根据实战经验，要想把议题沟通充分，探讨清楚并得到答案，大概需要全封闭 1 ～ 3 天的时间。

- 会议地点可以远离日常办公环境，使会议氛围更轻松活泼一些。
- 可以请外部行业专家参会，给出不同视角。
- 可以请外部管理顾问，引入适合公司的战略管理方法和工具，参与设计研讨会议程和议题，引导大家制定战略、达成共识，提升团队经营管理水平。
- 一定要选较有经验的、有团队影响力的高管做主持人，把控现场，以防出现跑题、务虚、一边倒等情况。
- 在问题探讨环节建议逐一发言，一把手收尾，以免一把手先发言，定了风向。
- 会议上一定要鼓励大家说真话，说一针见血的话、有用的话，说能落地的话，而不是套话、场面话。
- 整场研讨会做好记录，对在研讨会中达成共识的内容加以整理、优化，形成一套完整且核心团队达成共识的战略发展规划。

在年度战略研讨会结束后，企业管理层将具体的战略发展规划和目标通过各种方式传达给组织内部的各个部门和员工，以确保所有人都向同一个目标共同努力。此外，企业也可能会向外界传达战略和计划，以吸引投资者和客户，提高企业的声誉和形象。

半年度绩效回顾会

绩效回顾会是指企业在某个周期（通常是半年）结束后召开的

一个内部会议，主要目的在于回顾企业在此期间的业绩表现，评估目标完成情况，并由此对企业的运营策略和计划进行调整。这个会议通常由企业高层领导和关键团队成员参加，包括销售、营销、财务、生产和研发等各个部门的领导和员工。

绩效回顾会通常涉及以下几个方面。

（1）业绩报告　由负责主持的高层管理者向与会者展示企业在过去半年的业绩表现，包括收入、利润、市场份额等关键指标，并解释相关的数据和趋势。

（2）目标分析　参会者共同评估企业在过去半年设定的目标，并对这些目标的实现情况进行分析。如果目标已经实现，需要分析使企业业绩表现良好的成功因素，并探讨如何在未来继续优化和发展这些因素；如果目标未能实现，需要探讨原因并制订改进计划。

（3）对企业发展情况进行分析　参会者共同讨论企业在市场上的表现和竞争对手的动态，并评估企业的竞争力、未来发展方向，以及未来可能会面临的风险和机会，并讨论如何最大限度地抓住机会和降低风险。

（4）调整未来计划　在绩效回顾会上，参会者将根据过去半年的业务完成情况对未来的目标和计划进行调整，并讨论如何实现这些目标和计划。同时，针对会上发现的问题，制订改进计划。改进计划可以包括调整市场营销策略、加强团队建设、提高产品质量和服务水平等，甚至在战略假设前提及年初预算假设前提发生重大变化的情况下调整年初定下的目标，以使企业运营走在实事求是的道路上。需要明确每个改进计划的责任人和完成时间，并跟踪实施进展情况。

（5）经验总结和反思　总结过去半年的经验和教训，分析成功和失败的原因，并探讨如何在未来避免类似的问题和提高绩效。

通过对以上议题的分析和讨论，管理者可以深入了解自身的业务和市场表现，识别问题和机遇，并制定相应的解决方案和未来计划，从而推动企业的持续发展和成长。

在绩效回顾会之后，管理者应该根据绩效回顾会的讨论和决策，将具体的改进计划分解到各部门和团队中，使问题得到真正的解决。同时，根据绩效回顾会的结果，及时激励和奖励表现出色的员工和团队，提升他们的工作动力和士气。

绩效回顾会是一个周期性的活动，企业应该持续监测和改进自身的业务表现和问题，不断调整战略和计划，以适应市场和业务环境的变化。

周度产销协同会

产销协同会是企业内部定期召开的一种会议，主要目的在于促进生产和销售之间的协同和沟通，以确保企业的生产和销售活动有效协同和配合，实现资源的优化配置。这个会议通常每周召开一次，由生产和销售部门的主要负责人主持，参会者包括生产、销售、物流、采购、财务等相关部门的代表。

为了把周度产销协同会开好，在会议开始之前，参会者需要收集本部门上一周的各种数据，包括产品的销售量、销售额、库存量、生产进度、交货期等，以及市场趋势和竞争情况等信息，有了数据作为依据，会上的讨论与沟通才更有效。

在周度产销协同会上，参会者通常会讨论以下几个方面的内容：生产计划和进度、销售情况和预测、供应链协调、财务情况等。在会议结束后，参会者会根据会议讨论的内容，制订相应的计划，并落实到各个部门的工作中。此外，参会者还要记录会议讨论的内容和决定，并将其发送给所有参与者和相关部门，以便他们跟进执行。

周度产销协同会对企业的运营和管理非常重要。通过定期召开产销协同会，企业可以实现生产和销售的协同，使生产计划和销售预测相互匹配，从而避免生产过剩或销售不足的情况。此外，会议还可以帮助企业协调供应链，保证物料供应的及时性和对库存的合理控制。同时，通过对财务情况的分析和讨论，企业可以及时调整生产和销售策略，以保证盈利能力。

在会议中，参会者需要充分参与到讨论中，本着坦诚、开放的态度，及时解决生产和销售过程中的问题，确保生产和销售部门的工作紧密配合，并制订下一周的生产和销售计划。每周结束时，需要评估和反馈一周的生产和销售情况，分析计划的执行情况和达成的结果，以便改进和调整下一周的计划。

为了提高企业的运营效率，使企业的资源得到最佳配置，企业应该充分重视周度产销协同会，并号召相关部门的人员积极参与。

周度执委会会议

在企业中每周要召开的另一个重要会议是执委会会议。执委会是由企业董事会授权的指导企业日常运营的最高决策机构，通常包括企业高管或部分参与企业日常运营的董事会成员，必要时可以引入外部专家和行业领袖等。

执委会的主要职责是负责企业日常经营管理的决策，以及对财务、运营、风险管理等方面进行审议和决策，使企业运营符合企业的战略和目标，同时确保企业的财务报告和业务活动透明，向股东和投资者提供及时和准确的信息。

在企业治理中，执委会扮演着重要的角色。执委会会议通常每周召开一次，其主要议题包括讨论企业的运营状况、审议并调整企业的战略和计划、决定企业的投资和融资事宜、监督和评估企业的绩效等。

除了上述议程之外，执委会会议还可能讨论其他事项，如企业的文化建设、组织结构的调整、员工福利、企业社会责任等。

每周召开一次的执委会会议通常是企业的领导层成员进行重要管理决策和监督的关键场合，会议的主要目的在于确保企业始终保持高效的经营和管理，在竞争激烈的市场环境中获得竞争优势。

每日晨会

晨会是企业中常见的会议形式，其主要目的是让团队成员共同了解当天的工作计划和目标，并协调各自的工作进度和任务。企业的销售部门、客服部门、开发部门、营销部门等都可以召开每日晨会。晨会通常由团队领导者主持，他们会引导会议的流程和内容，确保会议的顺利开展。

每日晨会是分享信息和彼此沟通的重要平台，它能帮助团队成员协调工作流程，让大家了解彼此的目标、工作任务、时间表、进度和问题，在工作中为他人提供更好的支持和帮助，提高工作效率。每日晨会还提供了一个机会，让团队成员定期回顾自己的工作目标，并制订当天的工作计划，这确保每个人都清楚自己的工作方向，保证每天都在朝着公司的整体目标前进。

如何把会议开出质量

大到年度战略研讨会，小到每日晨会，对企业的经营管理都发挥着重要的作用。但是，这里有一个前提，就是要把会议开出成效、开出质量，怎么才能实现这一点呢？这里面有一些学问，我想分享给大家。

第一，要有一个有领导力的主持人。

一个有领导力的主持人不会以个人为中心，而会主动引导所有参会者积极参与到会议中。比如，他会问一些有针对性的问题，对参会者发表的意见做出有效提问，使其畅所欲言，从而使参会者的注意力始终聚焦于会议目标。同时，他还会引导大家达成共识，并且敢于决策，如果主持人不敢决策导致会议没有形成决议，这样的会议就是无效的，而一个有领导力的主持人能有效地避免这个问题。会议是思想的碰撞，参会者在讨论激烈时出现冲突和矛盾是很正常的，有领导力的主持人能使这些冲突和矛盾消弭于无形，促进参会者之间的合作与理解。

第二，明确会议目的。

高质量的会议一定不是漫无目的的，而是有明确主题的。在开会之前，要确保每个参会者都知道会议的目的是什么，确保他们在会议上的讨论不偏离主题，使会议始终聚焦于主题，这有利于最终决策的形成。

第三，做好会议复盘。

会议最后要做好复盘工作，对会议进行回顾和总结，收集参会者的反馈和建议，这样做不仅可以评估会议的有效性和收集有益意见，以便在未来的会议中进行改进和优化，也可以进一步明确未来一段时间企业的经营目标和方向，帮助参会者确定下一步要采取的行动。

第四，会后及时跟进。

在会议结束后，及时跟进会议产生的决议和计划，确保它们得到了适当的推进，相关负责人应该按时完成任务。记录的更新应该及时反馈给参与者，这有助于确保会议取得实际成果，同时能提高参会者的满意度。

还要提醒的是，开会一定要坦诚、敢于直面问题，有些企业把会开成了各个部门歌功颂德、互相吹捧的"表彰大会"，有些企业把会开成了只通报情况、不触及真正问题的"通报会"，还有些企业把会开成了大家推卸责任、互相指责的"批斗会"，这些都违背了我们开会的初衷，不但不利于企业战略目标的达成、运营效率和绩效的提升，还有可能给企业埋下巨大的隐患。

高效开会，才能确保会议时间和资源得到最大化的利用，获得预期的结果和效益，促进战略、运营和绩效之间形成真正的闭环。

将战略与经营规划落实到绩效考核上

所有的战略与经营规划，都必须落实到绩效考核上，由此，企业的经营循环才真正闭环。

在绩效考核中，绩效目标的设定尤为重要。绩效目标是绩效考核的起点，在企业中发挥着两个关键性的作用。一是指引方向。目标即方向，有了明确的方向，企业上下才能对齐工作重心，聚焦于企业当下最关键、优先级最高的工作。二是凝心聚力。清晰统一的目标有利于达成全员共识，使同级之间、上下级之间都趋于协同而非内耗，从而心往一处想、劲儿往一处使，极大地提高整个团队的执行力。

绩效目标从何而来？

在企业中，绩效目标可以分为组织绩效目标和个人绩效目标。我在前文中讲到，年度经营目标来自对企业战略目标的分解，而组织绩效目标和个人绩效目标则源于年度经营目标，如图5-9所示。

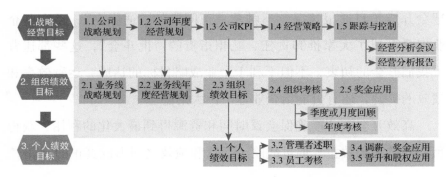

图 5-9　从战略、经营目标到组织绩效目标、个人绩效目标的分解过程

　　企业中每个部门、每个岗位的绩效目标都是以战略目标和经营目标为基础自上而下分解而来的，通常按照公司总体目标—分公司、子公司、事业部绩效目标—科室绩效目标—职位或岗位绩效目标的路径层层分解，具体落实到公司高管、部门中层、基层员工等个人身上。

　　通过这种逐层分解，企业的战略目标与经营目标一步步细化、具体化，从宏观而模糊的愿景描述转变为可执行、可管理、上下一致的具体任务，员工的行动由此与战略目标连接在一起。每个人只需专注于个人绩效目标的完成，就能为战略目标的落地做出贡献，从另一个角度来说，这也能自下而上层层保证战略目标的实现。

　　绩效考核的落脚点则是激励。把绩效考核结果与对员工的激励联系起来，能大幅度地提高员工对实现企业目标的积极性，使员工自动自发地向目标前进，持之以恒地为实现目标而努力。

　　这种联系主要体现在两方面，一是将绩效考核结果与员工的薪酬调整挂钩，表 5-3 就展示了将绩效考核结果与员工的工资、奖金、配股和福利紧密相连的方式，这能极大地提高员工的目标驱动力。

表 5-3 绩效考核结果与员工薪酬调整挂钩方式示例

绩效考核等级	工资	奖金	配股	福利
A	有机会，但必须同员工综合考核结果、任职技能状况挂钩，并纳入工资标准范围内管理	有机会，但必须同员工年度综合考核结果挂钩	有机会	与考核结果暂不建立对应关系
B+			根据公司当年配股总量和综合考核排名情况确定	
B				
C	不涨薪或降薪	很少或无	无	
D		无		

二是在组织发展可提供相应机会的前提下，将绩效考核结果与员工的任用和成长挂钩。如表 5-4 所示，如果员工的绩效考核等级高，就能获得更多的晋升机会、更大的晋升空间，进入成长快通道。

表 5-4 绩效考核结果与员工的任用和成长挂钩方式示例

绩效考核等级	干部任命晋升	职级晋升	任职资格晋级	不胜任淘汰或干部清理	内部调动	再入职
A	有机会，纳入继任通道	有机会，可进入成长快通道		无		有机会
B+	有机会				有机会	
B						
C	没有机会或考虑降职	没有机会		纳入个人绩效改善计划，监督绩效表现	没有机会	
D	没有机会或降职、劝退			调整不合格干部		

作为企业经营循环的重要环节，绩效考核应以目标为导向、以激励为牵引，实现水平分解、垂直拉通、目标共担、责任共担。这样的绩效考核才是有效的绩效考核，才能为企业的战略与运营服务，最终促进企业经营的持续改善。

CHAPTER 6

第 6 章

管理循环论：
建立四位一体的管理循环

管理是不是可建设的？如果是，怎样建设？机制牵引、体制保证、文化导向、能力支撑四位一体的管理循环，可以让管理从混沌到有序，让管理真正可建设，让管理真正助力经营。当然，罗马不是一天建成的，管理体系也不是企业在诞生那一刻天然就有的。管理是个慢变量，其建设过程需要日积月累。

管理循环让管理从混沌到有序

在开始本章的探讨之前，我要先问一个问题：管理是不是可建设的？

我相信，大多数管理者都会给出明确的答案：是。

接下来，我们要面对的问题就是：怎样建设？如何把管理的复杂性、裂解化变成有序性？怎么确保企业中的每一个组织、每一个人都能全力创造价值？

我们首先要了解何为管理。关于管理，很多管理学家都曾进行过探讨与定义。"现代管理学之父"彼得·德鲁克认为："管理是一种工作，它有自己的技巧、工具和方法；管理是一种器官，是赋予组织以生命的、能动的、动态的器官；管理是一门科学，一种系统化的并到处适用的知识；同时管理也是一种文化。"[⊖]"科学管理之父"弗雷德里克·泰勒在其著作《科学管理原理》中提出："诸种要素——不是个别要素的结合，构成了科学管理，它可以概括如下。科学，不是单凭经验的方法。协调，不是不和别人合作，不是个人主义。最高的产量，取代有限的产量。发挥每个人最高的效率，实现最大的富裕。"[⊜]管理学家赫伯特·西蒙是管理决策理论的代表人物，这一理论学派把决策作为管理的中心，认为管理就是制定决策。

　　这些理论都是前人智慧的结晶，我非常认同。在汲取这些智慧精华的基础上，结合我的管理实践，我对管理进行了细分。在我看来，**管理从本质上来说就是做好四个方面：机制、体制、文化、能力**。这四个方面在管理实践中起的作用不尽相同，机制起牵引作用，体制起保证作用，文化起导向作用，能力起支撑作用。

　　罗马不是一天建成的，管理体系也不是企业在诞生的那一刻天然就有的。管理者要想把企业管理好，就要为企业打造一个机制牵引、体制保证、文化导向、能力支撑四位一体的管理循环。我将这一理论称为管理循环论，由此建立的管理循环如图 6-1 所示。

机制牵引

　　企业作为一个完整的生命有机体，离不开机制。机制和体制不太一样，机制是内在的、软性的、长久的，能够起牵引作用。机制

　　⊖ 德鲁克.管理：任务、责任、实践：第三部 [M].刘勃，译.北京：华夏出版社，2008.
　　⊜ 泰勒.科学管理原理 [M].赵涛，陈瑞侠，郭珊珊，译.北京：电子工业出版社，2013.

一般要前置，它能解决企业的动力和活力问题。比如，以合伙人制代替职业经理人制，共享利益，可以在企业中建立长久的内在动力机制。

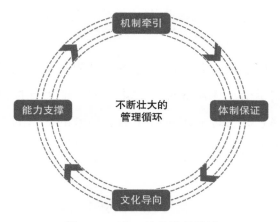

图 6-1　四位一体的管理循环

体制保证

机制牵引很重要，但没有体制保证也不行。体制是外在的、刚性的、可变的，企业经营管理中的各种管理机构、管理流程都属于体制的范畴。体制以组织体系为载体，聚焦企业的运行骨架问题。

文化导向

建立完善的机制、体制，能使企业大部分潜在的生产力得到释放，而机制、体制不能起作用的地方就要依靠文化的力量了。文化起导向作用。

能力支撑

能力是支撑企业释放生产力的杠杆，以能力为杠杆，可以激活个体、激活组织，使个体和组织实现共同成长。

　　机制、体制、文化与能力是构建整体动态适配型组织的具体抓手。无论企业处于生命周期的哪个阶段，无论企业的经营管理处于哪个阶段，无论企业的规模是大还是小，都要把握住这四个抓手，并且四位一体，不断循环。

　　管理是个慢变量，其建设过程需要日积月累。如果企业能日复一日地把机制牵引、体制保证、文化导向、能力支撑都做到位甚至做到极致，那它的管理一定是有序的、高效的，它的组织一定是富有活力的、积极向上的。

充分发挥机制的牵引力

　　四位一体的管理循环，是以机制为牵引的。机制能为企业的可持续发展带来充沛的动力，是企业实现战略目标和不断增长的根本性因素。

　　"机制"这个词，来源于希腊文，指的是机器的构造以及运转原理。社会中的各个领域都需要机制，比如经济机制、市场机制等。同样，企业的运行也离不开机制。企业中的机制，指的是经营管理的各个要素（如人、资源、权力等）之间的结构关系和运行方式。

　　在一家企业中，如果某个员工缺乏工作热情，可能是这个员工出现了问题，如果一群员工都缺乏工作热情，那么，很可能是企业的机制出现了问题。比如，企业的销售业绩连年下滑，员工却毫无斗志，原因可能是企业没有建立有效的激励机制；企业的各个部门之间沟通极为不畅，在工作中时常出现连接不当的问题，根源可能是企业缺乏完善的沟通机制，导致部门之间无法互通，信息不对称。

一个企业的经营与管理，与各种利益主体是密切相关的，只有处理好这些利益关系并建立起责权利动态平衡的机制，让人通过机制得到满足，让团队通过机制创造收益，企业才能获得更好的发展。这就是为什么我们说机制是企业成功的最底层要素，是企业发展动力的源泉。

从组织管理的角度，企业中的机制主要分为三种类型，分别是权责分配机制、激励机制以及协调沟通机制。

权责分配机制

权责分配，是所有企业家和管理者都必须面对的难题。分好了，企业上下拧成一股绳，齐心协力共图发展；分不好，轻则人心离散，重则团队分崩离析、企业走向衰败。是否建立了合理有效的权责分配机制，决定了一家企业能走多远。

权责分配就是在工作分析的基础上，把企业的战略目标分解到各个部门、各个岗位，遵循权责对等、岗位利益与员工利益紧密相连的原则对各岗位的权责进行界定，使每个员工都能明确自己的职责与权限。

合理的权责分配机制，既能使权责分配得当，避免职权的重叠和混乱导致的多头管理或"三不管"等问题，又能让合适的人在合适的岗位上发挥作用、创造价值，为企业的高效率和战略目标的实现提供充分的保障。

美的就建立了行之有效的分权机制，其分权的指导思想是"十六字方针"——分权有道，集权有序，授权有章，用权有度。美的的分权机制遵循的是"12345法则"，其中，"1"指的是一个匹配，即责权利互相匹配；"2"指的是两个对等，即责与权对等；"3"指的是三个管住，即管住战略与目标、管住资金及效率、管住副总经理及财务负责人和HR负责人；"4"指的是四个强化，即强化预算及考核、强化经营审计及职业道德管理、强化流程制度建设、强化营运数字化；"5"指的是五个放开，即适当放开人事权、放开预算内的费用审批权、放开经营管理权、放开业务决策权、放开过程资源匹配权，从而实现层层分权、分权到位。

——

有了完善的权责分配机制，企业的责权利才能实现有效匹配，组织才能被完全激活。

激励机制

在组织管理中，对人的激励是一个长盛不衰的经典话题，因为它涉及利益的分配，而利益分配对企业来说至关重要，甚至能决定企业生死。无数企业的分分合合、兴衰成败，都与利益分配密切相关。

正因为如此，我一直提倡在企业中建立长效的激励机制，把员工的利益与企业的利益紧紧地捆绑在一起，使员工对企业产生高度的归属感和认同感，充分激发员工的积极性和创造性，使他们成为企业发展的中流砥柱，为企业创造更多的可能性。

激励机制的设计，要充分考虑企业的具体情况和需求。**从企业的文化土壤中生根发芽长出来的激励机制才能最大限度地激发员工的内驱力。**比如，海尔提出的"赛马不相马"之所以能成功，就是因为其领导者张瑞敏始终坚持一个企业的管理者最重要的职责不是发现人才、到处搜罗人才，而是建立一个完善的人才机制，并使其健康有效地运转下去，而且海尔内部一直有浓郁的竞争氛围。

有效的激励机制有很多，但在这里，我要重点强调的是合伙人机制。**企业持续发展的关键，不在于"怎么做""做什么"，而在于"谁来做"。**把员工当成合伙人，给权力、给责任、给利益、给未来，才能使他们与企业共成长、同命运，也才能打造一个能高度认同并传承企业文化、能持续激发奋斗激情、能保障企业核心竞争力不断提升的高效团队。

在企业中推行合伙人机制，从本质上来说，是改变企业与人才之间的博弈关系，建立一种共识、共创、共担、共享的新型关系，以此来实现共赢，在成就员工的同时成就企业的事业。有这样的激励机制，企业的长足发展自然就成了水到渠成的事。

协调沟通机制

一个从上到下只有一种声音的企业，并不意味着它就是风平浪静、运转良好的。如果管理者无法倾听来自基层员工的声音，那么事情往往会变得不可控制，并且向着不好的方向发展。而之所以会出现这样的情况，原因可能有两个：第一，企业缺乏沟通渠道，员工即使有什么意见也无从表达，或者说即使提出来了也不可能上达高层管理者；第二，员工认为没有必要提出自己的意见或建议，因为管理层根本就不会认真对待，甚至还有可能给自己招致糟糕的后果。消极对待的结果就是带来了许多负面影响，比如士气低落导致企业的工作效率低下、企业管理中存在的问题得不到及时的发现和顺利解决，甚至日积月累酝酿出企业危机。

其实，几乎每家公司在发展的过程中都会遇到沟通不良的问题，企业的组织结构越复杂，管理层次越多，职能越不明晰，沟通的效果就会越差。高层管理者的指令下达到基层员工的时候往往已经出现了很大的偏差；同样，基层员工的建议与意见在上传到高层管理者之前就经过了层层扼杀，往往已经荡然无存。因此，要改善沟通的效果，管理者必须建立一个完善的协调沟通体制。

一个好的协调沟通机制应该是多角度、多级的，是管理层与部门领导、部门领导与普通员工、管理层与普通员工、普通员工彼此之间进行多层次交流的对话机制。只有在企业里建立起一个这样的沟通机制，才能解决企业中信息上传下达与跨部门沟通问题，让员工意识到管理层乐于倾听他们的意见，他们所做的一切都在被关注，从而促进管理者和员工之间的相互理解、相互尊重和感情交流。

企业需要优秀的人才，更需要好的机制。靠机制来牵引企业的管理，比用人来推动更加高效、公平。一个好的机制，能在企业中形成一种巨大的力量。对个人而言，它能通过责权利的匹配，让不合适的人被淘汰出局，让庸才变成人才，让人才更加卓越，使良将如潮、人尽其才。对组织而言，它能使资源得到有效配置，让管理效率、经营效益不断提升，将外部的不确定性转化为内部的确定性。

不过，要在企业中构建好的机制并不容易，我们首先需要转变观念与思维。过去，很多企业家认为管理就是对员工进行管控、约束、监督，但实际上，员工需要的是支持、赋能、引导。企业家的管理思维改变了，把自己变成支持者、赋能者、引导者，企业的机制才能发生根本性的转变。

体制是企业高效运行的保证

彼得·德鲁克在其著作《管理的实践》中指出："衡量企业规模唯一可靠的标准是管理结构，尤其是高层管理结构。公司需要的管理结构有多大，公司就有多大。"这揭示了影响企业发展与增长的一个关键性因素——体制。

在管理循环中，体制为企业的高效运行提供有力保证。成功的企业，一定有一个完善而合理的体制。如果企业的体制出现问题，企业的发展就失去了根基。

企业建立和实施管理机制、规章制度、组织结构和管理制度等方面的系统，就是体制。体制能够协调企业内外部的各种资源，确保企业的高效运营和战略目标的实现。相对来说，机制更多地表现为内在性和软性，而体制则更多地表现为外在性和刚性。

具体来说，企业的体制包括以下方面。

组织结构

组织结构是企业体制的基础与核心组成部分，它是指企业内部各个职能部门、岗位和人员之间的关系和互动方式，以及职权、责任和义务的分配和协调方式。简单来说，组织结构就是企业的框架，描述了企业内部各个部门之间的联系和职责分配，以及人员之间的工作关系和协作方式。

一个良好的组织结构可以帮助企业有效地分工协作，提高工作效率和工作质量，促进企业的创新和发展。同时，一个合理的组织结构还可以避免企业内部的混乱和冲突，提高企业的竞争力和市场占有率。

谷歌能成为全球最成功的互联网公司之一，就得益于其高效的组织结构。谷歌的组织结构被称为"扁平化管理"（flat management），在谷歌的初创阶段就已经形成，并被证明是一种成功的管理模式。它将员工分为不同的小团队，每个团队通常由不到10个人组成。每个小团队都有自己的目标和任务，可以快速响应市场变化。这种小团队的组织结构可以有效地提高沟通效率和灵活性，避免了层级过多的管理，而且非常灵活，能够根据市场需求随时进行调整和变化。这种组织结构充分激发了员工的创新精神和工作热情，让员工更加自主和自由地发挥自己的能力。

———

工作流程

工作流程是企业内部各项工作的有机组合，它规定了各项工作的步骤、工作内容、时间限制和工作质量，以及各项工作的配合协调等方面的要求。

管理体系

管理体系是企业为了规范管理行为和提高管理效率而建立的各种体系，如人力资源管理体系、培训体系、财务管理体系等。通过完善的管理体系，企业的战略、管理者的决策被落实到一个个有效的管理动作上，真正实现了落地。

体制建设是企业发展的重要基础，它为企业的可持续发展提供坚实的保障。它是企业基本的运行骨架，没有骨架的支撑，企业的机制是不可能发挥作用的。**优秀的企业都会不断地完善体制、在体制的框架下做事，这样的企业即使面临危机也不会过于焦虑，因为有体制做保证。**

以文化激发企业的内驱力

文化是全景管理钻石模型的重要组成部分，在管理循环中，企业文化也不可或缺，对企业的发展起到重要的导向作用。

埃德加·沙因被称为"企业文化理论之父"，他在自己的著作《组织文化与领导力》中对企业文化进行了定义："一种基本假设的模型——由特定群体在处理外部适应与内部聚合问题的过程中发明、发现或发展出来的——由于运作效果好而被认可，并传授给组织新成员以作为理解、思考和感受相关问题的正确方式。"简单来说，企业文化就是企业内部形成的独特的、具有稳定性和凝聚力的价值观、信仰、行为规范、组织形式、习俗传统和工作风气等方面的总和，它反映了一个企业的历史、文化传统、管理理念和发展战略等，是企业自我认同和自我传承的重要基础，也是企业成功的重要因素之一。

企业文化为什么重要？我们可以以一串逻辑思考来回答这个问题。一个人的结果取决于他的行为，一个人的行为取决于他的思想，一个人的思想取决于他的思维方式，而主导一个人的思维方式和思想的，就是文化基因。企业也是如此。企业有不同的文化，就会主导出不同的价值观，不同的价值观又会分裂出不同的思想，不同的思想会汇聚不同的人。同一份事业，不同的人会干出不同的结果。

优秀的企业文化可以让企业前进时有动力，迷茫时有方向，低谷时有支撑，分歧时有原则。而要发挥文化的导向作用，关键在于充分发挥愿景、使命和价值观的驱动力。

愿景、使命和价值观是企业文化的核心要素，它们共同构成了企业的价值体系。很多伟大企业的创立者都深谙一个道理：搞清楚你在坚持什么，比了解你要去往何方更重要。因为产品存在生命周期，市场环境日新月异，技术会更新换代，管理理念也绝非一成不变，你的目的地会随着周围环境的改变而改变。然而，一家企业的愿景、使命和价值观却如同不灭的灯塔一样，一直指引着企业变革的方向。

发挥愿景、使命和价值观的驱动力，首先要将愿景、使命和价值观清晰地表述出来，在企业内部达成广泛共识，进行大力宣传，让每个人都能够理解、认可、遵循，把它们当成工作的动力和方向。其次要将愿景、使命和价值观融入企业的行为准则和规范，并与企业的绩效管理和激励机制相结合，把员工的表现与愿景、使命和价值观的实现联系起来，使员工的个人目标与企业的总体目标建立强连接，从而促进员工对实现这些目标积极投入。最后要持续跟踪和关注愿景、使命和价值观的实现情况，及时调整策略和计划，并将这些信息分享给员工，让他们了解企业发展的最新动态，增强对愿景、使命和价值观的认同和投入。当企业做到了以上几点，愿景、使命和价值观就会对企业起到长期的驱动作用，让企业获得巨大优势。

企业文化就像是企业的土壤。只有在良好的土壤中，种子才能生根发芽，茁壮成长。同样，只有在一个健康、积极、向上的文化氛围中，企业才能蓬勃发展，并发生一个根本性的转变：企业不再是一群普通人的简单组合，而是一个有共同理想、共同使命的命运联合体，所有人都拧成一股绳，为企业发展尽己所能，因为企业的未来就是他们的未来。

能力是企业的地基

想要建立一个强大而稳健的企业，就像建造一座大厦一样，有一件非常重要的事情一定要做好，那就是把地基打牢。能力就是企业的地基，卓越的组织都是以能力为支撑的。

IBM之所以能成为全球信息产业的领导者，是因为它有持续创新、跟随时代不断进化、始终走在科技前沿的能力，并可以依靠这种能力为各行各业的企业提供服务，赋能它们实现现代化、完成数字化转型。

苹果为什么能一度成为全球市值最高的上市公司？因为它有强大的研发和创新能力，能不断推出集工业设计美学与最新软硬件科技于一体的产品；它有出色的供应链管理能力，能完全主导整个供应链的价值分配与运行协调，并对供应链的每个节点进行有效管理，从而灵活、快速地响应市场；它有生态构建能力，以iOS这个封闭的生态系统为基础，不断发展生态链，为自己构建了一条很深的护城河，并因此具备了任何竞争对手都无法模仿、无法复制的竞争优势。

可见，能力是企业构建并不断提升核心竞争力的关键，也是使企业穿越周期、基业长青的真正力量。

值得一提的是，在很多人的理解中，能力是单要素的，是孤立存在的，但实际上，企业所需要的不只是某一种或者某几种能力，而是一个完整的能力体系。这个能力体系是通过内部的流程、管理模式、系统和人等不同要素将多种能力串联而成的，其中包括战略规划能力、技术创新能力、市场营销能力、数字化能力，等等。

在不同的发展阶段，企业需要的能力是不同的。所以，企业能力的形成和培育是一个动态发展的过程，需要通过学习不断积累。

在企业能力建设的过程中，知识与经验的积累、共享、复制是核心。这需要企业构建一个完善的知识共享机制，将个人的能力固化、沉淀下来，并通过共享、复制转化为组织的能力，不断传承。当组织中形成这样一个机制时，某个人能完成的任务，其他人也能完成；某个团队能实现的目标，其他团队也能实现；老员工能做好的事情，新员工也能做好，甚至会做得更好。每个人都是站在其他人的肩膀上继续向前发展的，并且会继续为组织能力添砖加瓦，最终筑成企业坚固的地基，为企业的发展提供坚实的支撑。

打造管理循环的管理实践

了解了组成管理循环的四个方面后，接下来，很多经营者都会关注一个共同的问题：如何打造管理循环？

我们以 W 公司为例，来看看四位一体的管理循环应如何构建。

W公司自2017年开始致力于将自己10多年来积累的技术优势转为产品优势和市场优势。然而，在转型的过程中，W公司的经营者却发现，公司的问题不仅错综复杂，而且层出不穷，这导致公司的业绩增长缓慢，经营管理更是长期处于混沌状态。面对这种困境，W公司的经营者感觉千头万绪，不知从何入手。

2022年，W公司引入了我的管理循环论，开始构建四位一体的管理循环，企业中的问题由此得以妥善解决。

机制牵引

首先，W公司对公司机制进行了调整与改善，提高了机制的运作效率，为整个公司的发展提供了动能。

在这方面，W公司主要做了以下几项工作：

- 通过理顺公司的机制与传动模式，准确地识别出是销售系统斗志不足导致业务规模迟迟未见增长。
- 通过设立合理的激励机制，识别出关键岗位的管理者能力不足。
- 改善由于考核机制不清晰导致的组织效率低下。

为了做好这些工作，W公司建立了利润中心制。在构建这一机制时，W公司重点把握了两方面。一是考核，尤其是销售系统的考核，使公司的经营目标切实落实到销售体系及销售个体的绩效考核上。二是激励，在保证后台利润的前提下，对销售系统适度放权，"让听得见炮声的人做决策"，提高决策效率，同时让销售系统参与前端利润分享，激发销售系统充分发挥主观能动性。

利润中心制给 W 公司带来了一种牵引力，有效地激活了销售体系与销售个体。

体制保证

在体制建设方面，W 公司先是对公司的治理结构进行了梳理，然后识别公司体制是否存在缺失、是否运作正常。结果发现，公司缺失研发和销售的连接器、缺失销售和后台的联动器，这导致公司经营运转不闭环、不协调、效率低。

为了解决这些问题，W 公司采取了以下举措：

- 明确公司治理结构，将公司分为决策组织、作战组织和支持组织三类组织。
- 成立各委员会作为公司重大事项决策机构。
- 逐步将事业部和分公司建设为利润中心。
- 成立产品中心，推行产品经理制。
- 召开月度经营分析会，制定经营策略，确保公司经营目标的达成，落实全面预算管理。
- 运作 S&OP⊖机制，制订公司销售和运营计划，促进销售、研发、采购、制造等部门高效协同。

由此，公司形成了全新的治理结构，如图 6-2 所示。

⊖ S&OP，sales & operations planning，意思是销售与运营计划。

图 6-2　W 公司调整后的治理结构

文化导向

体制、机制可以解决基本问题，但不能解决所有问题，而文化可以弥补体制、机制做得不足或不到位的地方。因此，在文化导向方面，W 公司下了很大的功夫：

- 提炼、建设企业文化。
- 将艰苦奋斗的精神与激励机制结合起来。

能力支撑

能力是机制、体制、文化得以落地的保障，企业没有能力是长不大的。

在能力建设方面，W 公司做了以下工作：

- 提高人才密度。
- 促进个人能力向组织能力转化。

- 由单要素能力向系统能力转化。
- 从硬实力向软实力转化。

————

管理循环论让 W 公司的管理真正可建设，而四位一体的管理循环，让 W 公司摆脱了混沌状态，使管理变得有序，并且真正助力经营。这就是管理循环论所发挥的巨大作用。

第 7 章

变革论：
主动变革，穿越周期

对任何组织而言，变革都是一门必修课。唯有让变革成为企业的基因，企业才能在混沌复杂、变幻莫测的商业环境中活下来，甚至突破生命周期，开启新的生命曲线，源源不断地获得向上跃迁的动力，成为基业长青的百年老店。

变革是企业发展的必然

　　进化论告诉我们"物竞天择，适者生存"，能够不断调整自己以适应不断变化的环境，是有机体存活的基本前提。企业作为一个有机体，同样需要具有适应和变革的能力。我们现在看到的那些卓越的企业，都是在持续变革中发展起来的。所谓"持续变革"，包含了两层含义。

　　第一，没有一家企业是一创立就非常卓越的，所有卓越的企业，都是在发展的过程中不断变革才变得越来越卓越的。比如，小米公司能一步步发展到今天的规模，原因就在于它不断调整战略布局，通过变革持续扩大商业版图。不只是小米，华为、微软、苹果等卓越的企业，也都经历了无数次变革。可以说，没有变革，企业就没有长大的机会，更没有辉煌的未来。

第二，再卓越的企业，如果一直停留在原地不思改进，随着生命周期的不断演进，也会逐渐失去组织活力和市场竞争力。

一家企业会经历初创期的步履维艰、成长期的蓬勃发展、成熟期的稳健前进，也逃不过衰退期的危机重重、生死挣扎，这就是生命周期律。如果企业在进入成熟期后安于现状，渐渐地，企业的组织架构会变得臃肿不堪，企业的业务流程会变得混乱复杂，企业的管理制度会变得僵化呆板……这些内生的问题将日益严重，极大地掣肘企业的发展，使企业在面对市场变化和消费者层出不穷的需求时变得越来越迟钝。如果企业不及时进行彻底变革，不打破旧的机制、体制和管理模式，不重塑团队的思想观念和行为方式，这些问题就会始终存在，使企业变得越来越糟糕，最终甚至将企业推向死亡。

但也有一些企业突破了生命周期律，比如海尔。在生命周期的各个阶段，海尔都及时进行了变革，使自己进入了新的成长期，重新焕发生命活力。

随着互联网的发展，张瑞敏发现，在互联网时代，任何企业都只能成为整个互联网上的一个节点，企业不能以自我为中心，也不该追求大而全。所以，必须打破原来的组织架构，与互联网充分整合，让企业重获活力。于是，他把海尔原有的机构全部打散，拆分为许多"小而美"的创新团队，打破传统金字塔式的科层制的束缚，推倒企业与用户之间的"墙"，使整个企业变成了一个生态圈。无数员工凭借自己的创意，或者是通过发现市场上好的创意、需求，成立了创业团队。这样一来，海尔就完全把企业与市场、用户融合到一起了，海尔也由此分化为无数个生机勃勃的小微公司，开启了无数条新的生命曲线，再次获得了发展动力。

张瑞敏曾经说："海尔自己的企业文化其实就是一个应变的文化，对我们内部来说就四个字——'自以为非'。不能自以为是，而是要自以为非，既然要自以为非，就要经常根据外部变化来改变自己。"正因为"自以为非"，海尔将变革贯穿于企业生命周期的每个阶段，不断根据内外部环境的变化对自身做"大手术"，所以一直到现在，海尔都保持着很好的发展势头。

——

说到这里，你也许能理解我为什么要提出变革论了。商业世界唯一不变的就是变化，对一家企业来说，**变革是发展的必然，是永恒的主题，是不断向上跃迁的动力。**只有持续不断地变革，企业才能在复杂多变的商业环境中一直活下去，并且活得越来越好。

所以，所有的企业家或者管理者都要问自己一个问题：你的企业一直在变革吗？

当然，我们必须明确的是：变革是为了改变，改变是为了成长和增长；变革是基于未来改变现在，如果没有向往的未来，就没有改变现在的必要。

选准变革的切入点

企业变革是一个系统工程，涉及战略、运营、绩效、业务流程、组织结构、管理体系、IT 系统、企业文化、人力资源管理、财务等方方面面，任何一个环节都有可能影响变革的成败，可谓"牵一发而动全身"。

面对复杂的系统，很多管理者常常会犯两个错误。

一是不知道从哪里入手，感觉一团乱麻，畏难情绪严重，很多人甚至因此放弃变革，使战略停留在字面、口号上，导致企业没有做出任何实质性的改变，错过了变革转型的最佳时机，被竞争对手超越。

二是没有全局意识，脑子里想到哪儿就抓哪儿，缺乏章法，导致变革的时候经常"按下葫芦浮起瓢"，不能使企业的问题得到系统性的解决。

基于此，在变革时，企业要做的第一件事就是选准切入点。

切入点的选择会对变革能否成功产生关键性的影响。企业在变革中面临着各种各样的问题，但并不是所有问题都是同等重要的。选准切入点可以帮助企业识别出最紧迫、最关键的问题，集中资源将这些问题解决了，就能取得变革的关键性突破。同时，选准切入点还能帮助企业在变革中取得最关键的成果。企业变革的最终目的是取得成果，但是不同领域的变革对成果的贡献是不同的。通过选准切入点，企业可以在最关键的领域取得最大的成果，从而对整个企业的变革产生最大的推动作用。

在整体适配论中，我们讲到，全景管理钻石模型由政治、经济、文化组成，企业的变革可以从这三个要素切入，比如，TCL 在 2006 年"鹰的重生"变革中，就选择了以文化作为切入点。

在诸多企业的变革实践中，以文化作为切入点的案例还有很多，IBM 的前总裁郭士纳写了一本书叫作《谁说大象不能跳舞》，在书中他详细讲述了他是如何通过变革使 IBM 这头因为机构臃肿、制度僵化而变得庞大沉重、步履蹒跚的"大象"重振雄风的。他选择的切入点就是文化⊖。

IBM 成立于 1911 年，可以说，它的历史浓缩了整个 IT 行业的发展历史，在很长一段时间里，它就是计算机的代名词。因为 IBM 的标志是蓝色的，很多人将 IBM 称为"蓝色巨人"。然而，20 世纪 90 年代初期，这个"蓝色巨人"却陷入了严重的危机，1991～1993 年连续亏损，眼看着就到了崩溃的边缘，当时的美国媒体说它的"一只脚已经迈进了坟墓"。就是在这样的困境之下，郭士纳临危受命，成了 IBM 新一任掌门人。

进入 IBM 后，郭士纳一直在思考一个问题：IBM 是如何陷入失败的泥潭的？他看到 IBM 被多年的辉煌成就和庞杂的机制、体制束缚住了手脚。当时，IBM 在全球有 128 个首席信息官，仅在欧洲就有 100 多个不同的财务体系，而且，几乎每个事业部人员都非

⊖ 郭士纳.谁说大象不能跳舞[M].张秀琴，音正权，译.北京：中信出版社，2006.

常冗余。此外，公司的内耗十分严重，郭士纳刚执掌 IBM 时，就发现公司的一个硬件事业部竟然与甲骨文公司（Oracle）签订了合约。要知道，IBM 是有软件事业部的，完全可以满足这个硬件事业部的业务需求，而甲骨文公司是 IBM 在软件业务领域的竞争对手。他还发现 IBM 的产品销售人员一直有互相争夺客户的"传统"，为了拿下客户，他们甚至会诋毁 IBM 的其他产品。这些都只是 IBM 当时糟糕情况的缩影，郭士纳明白，IBM 的问题一定比他发现的更加严重。郭士纳把当时的 IBM 比喻成了一头大象，庞大的身体是它的骄傲，却也是它动作缓慢、反应迟钝的根源。

变革势在必行，但是，以何为切入点呢？

郭士纳首先从文化的视角深入了解了 IBM。IBM 的创始家族沃森家族为 IBM 确定了"尊重个人、追求卓越、服务顾客"的企业文化，这后来成了 IBM 的基本信仰，把 IBM 的员工紧紧地凝聚在一起，使 IBM 在长达几十年的时间里中不断发展壮大，成为全球计算机行业的领导者。然而，郭士纳却发现，沃森家族所提倡的以客户为导向的文化在当时的 IBM 已经成为一种口号，相反，有人把 IBM 的文化描述为："没有一个人会说'是'，而人人都会说'不'。"

于是，郭士纳决定以文化作为 IBM 这条变革之路的起点。

他首先在 IBM 推行了"热烈拥抱计划"，在公司中构建以客户为导向的企业文化。他向员工们提出了一个要求："50 名高级经理中的每个人都要在未来的 3 个月内，至少拜访公司 5 个最大的客户中的一个。他们此行的目的就是倾听，显示出 IBM 对客户的关注并恰当地采取行动。他们的直接下属（大约有 200 名经理）也要做相同的事。在每一次的'热烈拥抱'式拜访活动中，我都要求他们递交一份 1～2 页的报告，这些报告可以直接交给我，也可以交给那些可以直接解决客户问题的人。我希望这些拜访活动能够有助于减少客户的成见，即我们公司总是难以接触。"这种服务客户的理念在公司中建立起了一种文化氛围，让所有人都开始重视客户，把客户放在第一位。

紧接着，郭士纳为 IBM 提炼出了新的、与当下的变革相匹配的 8 条价值观："市场是我们的一切行动的原动力"，"从本质上说，我们是一家科技公司，一家追求高品质的科技公司"，"我们最重要的成功标准，就是客户满意和实现股东价值"，"我们是一家具有创新精神的公司，我们要尽量减少官僚习气，并永远关注生产力"，"绝不要忽视我们的战略性远景规划"，"我们的思想和行动要有一种紧迫感"，"杰出的和有献身精神的员工将无所不能，特别是当他们团结在一起作为一个团队开展工作时更是如此"，"我们将关注所有员工的需要以及使我们的业务得以开展的所有的社区的需要"。事实证明，这些价值观为 IBM 的成功变革发挥了巨大的作用。

文化上的重塑，使 IBM 的整个氛围都发生了变化，员工的思想、行为也在潜移默化中开始改变。以此为基础，郭士纳在机制、体制上进行了大刀阔斧的变革。1993 年 4 月，郭士纳裁撤了 IBM 的管理委员会，这是 IBM 当时的最高权力机构，是一个典型的官像结构，也是 IBM 创新的最大阻力。取而代之的是公司执行委员会和全球管理委员会，这些机构并不像管理委员会那样高高在上，而是鼓励公司内部的各个业务部门之间进行沟通和交流。此外，郭士纳还对 IBM 的董事会进行了变革，建立新的董事会，引进大量的外部董事，形成了有力、投入的治理。1995 年，郭士纳又成立了"高级领导集团"，为那些真正关心企业发展、致力于为公司服务的员工提供了一条上升的通道，每一个员工都有机会成为这个集团的成员。高级领导集团每年召开一次公司发展战略研讨会议，讨论公司还需要进行哪些变革。

在组织结构上，郭士纳对 IBM 的内部机构、管理体系进行了精简与整合，比如，将财务系统整合成一个，将首席信息官的人数缩减为一个，并且建立了全球统一的职位体系和绩效体系，打破地区分割、系统林立、各自为政的局面，使公司内部的沟通与协同变得顺畅起来。同时，郭士纳还对薪酬制度进行了变革，建立了业绩导向的浮动的考核激励体系，把员工的利益与公司的总体利益紧紧地联系在一起，使人效获得了大幅度提升。

以文化为引领、环环相扣的变革措施，让濒临倒闭的 IBM 起死回生，走上了复兴之路。这场变革还使 IBM 从计算机硬件制造公司转型为以服务和软件为核心的服务性公司，获得了持续增长的新动能，并由此成为全球最大的科技信息服务公司。

————

IBM 的成功转型得益于这场基于文化的变革，郭士纳以文化为切入点，牵引整个企业发生了根本性的转变，这充分说明，组织要想实现变革，文化先行是一个很好的选择。这是因为，文化能作用于其他要素。当它是一个负数时，它会削减各个要素的效用，掣肘企业发展；而当它是一个正数时，又能支撑企业扛过变革之痛，甚至成为驱动变革的核心引擎，使企业的变革事半功倍。

当然，不同的企业有不同的变革路径，管理者应根据企业的实际情况和目标来选择企业的变革切入点。

比如，美的集团在 20 世纪 90 年代末期的变革选择的切入点是企业政治。

1997 年，美的进行了一次事业部制改革，这场改革被认为是中国企业管理史上的里程碑事件。

在改革前，美的集团采用的是传统的"产品线管理制度"，即按照产品线划分各个业务部门，每个业务部门下设各种职能部门，如生产、研发、销售、市场等。这种组织结构导致多个业务部门之间缺乏协作，资源浪费严重，效率低下。

为了解决这些问题，美的集团实施了事业部制，即根据市场需求和消费者需求建立不同的事业部，如空调事业部、冰箱事业部、生活电器事业部等，每个事业部门都独立运营，具有自主经营权和决策权，拥有自己的生产、研发、销售等职能部门，并且各个事业部之间相互协作，共享资源。这样的组织结构更好地满足了市场需求和消费者需求，也提高了公司的运营效率和竞争力。

事业部制改革的实施，使得美的集团的组织结构更加灵活和高效，不仅能够更好地适应市场和消费者的需求，也能够更好地管理和控制公司的成本和资源。此外，事业部制改革也激发了公司内部的创新和竞争力，促进了公司的快速发展和壮大。

————

以企业政治为切入点，美的集团开始了一场轰轰烈烈的战略与组织变革，由此转变成为一个更加灵活、高效的组织，为公司走向国际化和持续发展奠定了坚实的基础。

而丰田公司最为知名的精益生产方式的变革，是以改善生产流程、加强质量控制为切入点的，这属于企业经济的范畴。

20世纪50年代，丰田公司在实践中逐渐发现，传统的大规模生产方式会产生许多浪费，包括过多的库存、等待时间、不良品等，这些都会降低生产效率和产品质量，导致公司无法满足市场的需求。为了解决这些问题，丰田公司通过对自身生产流程的分析和优化，不断进行生产方式和管理模式的变革，最终形成了丰田生产方式。

在20世纪60年代，丰田公司开始将精益生产方式作为一种管理理念进行推广，应用到整个企业中。丰田公司将这种理念系统化，并建立了一整套精益生产的工具和方法，如"单元化生产""拉动生产""流程分析""Kaizen"（持续改善）等。

随着精益生产方式的不断完善和推广，丰田公司实现了生产流程的高效化和标准化，大大降低了成本和减少了库存，提高了公司的竞争力和盈利能力。同时,丰田公司还成功地在全球范围内推广了这种生产方式。许多企业开始学习和应用丰田的精益生产方式。如今,精益生产方式已经成为一种广泛应用的生产管理理念。

————

无论选择企业文化、政治还是经济为切入点,都要遵循一个原则:合适的才是最好的。因为企业在管理过程中面临的问题不尽相同,某些企业的问题可能是公司规模较小引起的,而另一些企业的问题可能是公司内部结构与文化的不匹配引起的。因此,在选择切入点时,必须对企业的具体情况进行具体分析,综合考虑企业的组织结构、管理模式、市场环境等多种因素,看看是以什么为切入点更符合企业的实际需求。

如果企业在选择切入点时忽视了自身情况的特殊性,那它就很可能会选择一个过于理论化或者抽象化的变革方案。这样一来,变革的效果就会大打折扣,并不能真正解决企业在经营管理中遇到的实际问题。

变革八步法

企业如何实施变革?关于这个问题,很多管理学家进行过探索,变革管理领域的权威学者约翰·科特在其著作《变革之心》中提出了一个包括八个步骤的变革模型,称为"变革八步法",我们可以借鉴这一模型,根据企业的实际情况来实施变革。

增强紧迫感

在组织内部创造一种"必须立即采取行动"的紧迫感是变革的第一步，因为这能让组织成员认识到变革的必要性和紧迫性，激发他们的积极性和提高他们的参与度，促进变革的顺利进行。如果没有紧迫感，员工往往会对变革持怀疑态度或者拖延时间，这很有可能会导致变革失败。

紧迫感通常来自内部或外部的压力。竞争对手的威胁、新技术的出现、市场趋势的变化、经济衰退等都可以产生外部压力，而内部压力通常来自组织内部的各种问题，如成本过高、生产效率低下、员工满意度低等。

为了增强紧迫感，管理者可以采取多种措施。比如，对员工进行宣传和引导，告诉他们当前的市场环境和企业所面临的挑战，强调不变革可能带来的风险和后果，包括竞争对手的威胁、利润减少、员工流失等；设立奖励机制，鼓励员工积极参与变革，如提供激励性的薪酬、股权或其他奖励；通过改变企业文化和组织结构等方式，打破原有的工作方式，创造新的工作氛围，鼓励员工创新和发展。这些措施在管理实践中都被证明是有效的。

一定要形成群体的紧迫感，因为只有群体的紧迫感才能形成一种势能，促进变革的启动。

TCL 在 2006 年的变革是通过一个故事来形成群体的紧迫感的。

在变革刚启动时，李东生董事长写了一篇叫作《鹰的重生》的文章，在文章中，他讲了鹰的故事。

"鹰是世界上寿命最长的鸟类，它的寿命可达 70 岁。[⊖]

而想要活那么久，它在 40 岁时必须做出困难却重要的决定。[⊜]那时，它的喙将变得又长又弯，几乎碰到胸脯；它的爪子开始老化，无法有效地捕捉猎物；它的羽毛长得又密又厚，翅膀变得十分沉重，飞翔十分吃力。

此时的鹰只有两种选择：要么等死，要么经过一个十分痛苦的更新过程——150 天漫长的蜕变。它必须很努力地飞到山顶，在悬崖上筑巢，并停留在那里，不得飞翔。

鹰首先用它的喙击打岩石，直到喙完全脱落，然后静静地等待新的喙长出来。鹰会用新长出的喙把爪子上老化的趾甲一根一根拔掉，鲜血一滴滴洒落。当新的趾甲长出来后，鹰便用新的趾甲把身上的羽毛一根一根拔掉。

5 个月以后，新的羽毛长出来，鹰重新开始飞翔，再度过 30 年的岁月！"

李东生董事长把 TCL 比喻成 40 岁亟须蜕变的鹰，告诉员工当时的 TCL 如果不进行文化变革就只有等死，让大家认识到变革的必要性和紧迫性。那时，TCL 的员工都把鹰作为精神图腾，以鹰脱喙、断趾、拔羽的精神来激励自己投入到变革中，经常一见面就说："你的毛拔了几根了？"

⊖⊜ 原文如此，疑误。

正是因为有了这种群体的紧迫感，TCL 的变革才能顺利进行，而且非常彻底。

————

作为变革的起点，增强紧迫感为后续步骤提供了必要的动力，同时也为组织成员创造了一种共同认知。

建立领导团队

有了紧迫感之后，还要建立一个强大的领导团队，这是变革成功的关键之一。一个具有执行力和领导力的团队才能推动变革实施，让愿景变为现实。

领导团队的成员必须具备影响力、信任度和专业度等素质。这些人应该来自不同的职能部门，以确保能够提供各种角度和观点。他们必须是坚定的变革执行者，因为企业变革不可避免地要触动内部的各种利益关系，会遭到既得利益者的阻挠，这意味着变革将是一个漫长而痛苦的过程，如果没有对变革的坚定信念，很容易会因为挫折而停滞不前。

在团队里，每个人都要明确自己的角色和职责，知道自己应该做什么。而且，每个人都应该得到足够的授权和资源，这样他们才能积极参与变革，充分发挥自己的作用。团队中应该建立有效的沟通系统以及互相信任和尊重的文化，使每个成员都能自由地表达和分享自己的想法，确保成员之间有良好的沟通和协作。只有这样才能建立一个开放的环境，确保领导团队在制定决策和解决问题时快速做出反应。

最重要的是，领导团队应该由企业的一把手来领导，因为企业变革是一把手工程。

首先，企业变革是一件高风险的事，由一把手来承担变革的主要责任、对变革的结果负责，对企业来说是非常重要的。如果一把手不负责，领导团队往往就会因为害怕担责而畏首畏尾，这很容易导致执行不力。

其次，企业变革涉及公司战略、组织架构、业务流程等多个方面的改变，这些都需要一把手的参与和领导。如果变革的责任被分散到各级管理者身上，很容易出现领导层不统一的问题，削弱组织的稳定性和协调性。

最后，企业变革需要一把手来推动和协调。一把手拥有组织的最高决策权，他可以整合资源，协调各个部门和团队之间的合作，推动变革的实施，使变革更加有效，让整个企业朝着变革的目标前进。

因此，企业的变革必须由一把手来主抓。TCL 在 2006 年的那次变革，就是由李东生董事长担任变革领导小组的组长。如果不是一把手直接领导且充分重视，变革的进展就不会那么顺利，变革的效果也不会那么显著。

确立变革愿景

能否确立共同的变革愿景，让企业中的每个人都理解和致力于实现这个愿景，在很大程度上会影响变革的成败。

　　变革愿景是指企业经历变革后要实现的图景，是对未来的一种憧憬和期望。变革之前，设定清晰的变革愿景，能激励、鼓舞、团结变革团队和公司全体人员，让大家对组织的未来充满憧憬，也充满信心。确立变革愿景使团队成员更易于了解变革的目标和方向，减少因为不同解读而导致的偏差和分歧；能激发团队成员的热情和动力，让他们认识到自己所做的工作是为了实现一个共同的目标，增强他们的使命感和归属感；能鼓励团队成员之间的沟通和协作，在团队成员之间建立起信任和互相支持的文化，因为每个人都清楚地知道自己的工作是如何与他人的工作相互关联的，知道大家都认同和追求同样的目标和愿景，从而更容易相互理解和协作。

　　2014年，萨提亚·纳德拉被任命为微软的CEO，在他执掌微软三年后，微软的市值翻番，他在著作《刷新》中把自己对微软的变革形容为"刷新"。这种"刷新"，正是从确立共同的变革愿景开始的。

　　微软原来的愿景是"让每张办公桌、每个家庭都能有一台个人电脑"，后来这一愿景已经实现了，但微软一直没有更新愿景，公司因为缺乏共同愿景的牵引而失去了前进的动力。而纳德拉上任后，为微软确立了一个新的愿景——"予力全球每一人、每一组织，成就不凡"，这个愿景为微软人注入了新的精神力量，让他们重新获得了使命感和责任感。

　　在新愿景的驱动下，纳德拉与微软员工一起"刷新"了微软的战略、管理方式、运营模式、业务流程，让微软在不断的变革中走向充满希望的未来。

——

确立变革愿景，最重要的是要明确变革的目标和方向。在变革开始之前，领导团队应该对企业所面临的内外部环境进行科学分析与理性论证，了解市场、客户、竞争对手等方面的变化，找出企业面临的机会和挑战，从而为变革确立一个清晰的目标，让所有人都能清楚地看到变革要去往的方向、要达到的目标。纳德拉在为微软确立新愿景时，就先深入了解了公司的历史和现状，分析了公司的优势和劣势，以及市场的趋势和机会。他认为微软的核心优势是其在软件和计算机领域的技术和经验，但也存在业务模式和文化与时代背景不符的问题，最终，他将微软的战略方向定为"云计算和人工智能"。在目标和方向的基础上，企业再建立共同愿景就非常容易了。

在这个过程中，领导团队要尽可能争取组织内部各级别人员的参与和支持，广泛征求意见，吸纳各方面的建议，使愿景具有可行性和可持续性。

最终确立的变革愿景应该是简洁明了的，能够激励和鼓舞团队，推动所有人朝着共同的目标前进；应该是与组织的文化和价值观相匹配的，只有符合组织的文化和价值观的变革才能成功地被接受和实施；应该是具体的和能测量的，这样才能衡量变革的进展和成果，并对其进行评估；应该是能落实到实际行动中的，是与战略和业务计划相结合的，从而确保变革方案的可行性和实施效果。

有效沟通愿景

不断地沟通，让愿景深入到每个人心中是非常重要的。通过沟通愿景，可以让所有人了解变革的目标和方向，以便他们理解变革的重要性和必要性，进而参与变革。

关于愿景沟通，很多人会忽视非常重要的一点，那就是先要用准确简洁的方式来表述愿景。愿景不只是说给员工听的，也要介绍给客户、上下游供应商以及其他利益相关者，如果不能用简洁的语言传递给他人，这个愿景就不会发挥预期的作用，更不可能转化为实际的行动。

不光要表述简洁，在传递愿景时，管理者还要尽可能地为人们描绘出愿景的可视化图像，使其如同现实一般展现在人们面前，激发大家的想象力和对愿景的憧憬。因此，在表述愿景时，管理者不能用"卓越""一流"等抽象的词，因为到底怎样才是卓越、一流，没有具体的衡量标准，每个人都有自己的理解。只有把愿景形象地描绘出来，才能让人们看清楚企业的未来是什么样子的。

为了让愿景深入人心，需要不断地重复、重复、再重复。再好的愿景，如果只传递一次，也不会给大家留下深刻的印象。所有成功企业的愿景，都是经过无数次的沟通交流才最终植入到每一个员工的心中的。这里所说的重复，不只是指高频沟通，更是指在每一个流程、每一个业务、每一个场景中去重复愿景。比如，在给下属做工作安排时，可以告诉员工"你所做的这项工作是为了实现我们公司愿景中对高质量的执着追求"；在与供应商进行价格谈判时，要让对方明白解决方案必须符合公司愿景中对低成本的要求。

愿景沟通可以通过多种渠道来实现，比如，员工会议、内部论坛、公司文化活动等内部渠道，以及企业官方网站、企业营销活动、行业交流会议与论坛等外部渠道。除此之外，很多社交媒体平台，如抖音、微信、微博、知乎等也可以为企业所用，这些平台拥有庞大的用户群体，可以帮助企业与消费者建立联系，传播企业的愿景和价值观。

在愿景沟通中，反馈是一个非常重要的环节。大多数沟通渠道是单向的，虽然效率很高，但缺乏反馈，这一方面会使公司高层听不到有价值的声音，使愿景得不到及时的调整与改进，另一方面也会使员工感受不到参与感，在后期不愿意参与到变革中。而建立顺畅的反馈渠道，可以让组织了解员工和利益相关者对愿景的理解、感受以及他们对变革的期望和建议，可以帮助组织及时发现问题并调整方案，使愿景更贴近实际和员工的需求、更精准有效，还可以促进管理者与员工之间的互动，在上下层之间建立更加紧密的关系，为后续变革的开展打下基础。

企业领导者还要通过实际行动来体现公司的愿景。如果领导者的实际行动与变革愿景相左，员工就会对愿景产生疑虑，甚至认为愿景不过是表面文章。只有企业领导者以身作则，用实际行动来体现公司的愿景，为员工树立榜样，员工才能真真切切地感受到公司对愿景践行的态度，才会相信愿景是真实的。**踏踏实实地践行一**

次，比说一万次还有效。

　　愿景沟通不是仅发生在变革前，而是贯穿整个变革过程的重要环节。在变革实施之前，愿景沟通可以让员工和利益相关者理解变革的意义和目标，从而获得他们对变革的认同和支持；在变革实施过程中，愿景沟通也不能松懈，它能时时提醒所有人企业前进的方向，规范大家的行为，指导行动和决策，确保所有人都走在正确的道路上，朝着同一个方向努力；在变革实施之后，愿景沟通也是必不可少的，它能将企业所取得的成绩与愿景进行对比，对变革的效果进行评估，从而明确企业的不足，调整后续的策略和行动，进一步推进组织的发展。

授权行动

　　在变革中，授权行动是一个非常关键的环节。授权能确保所有员工都拥有足够的资源和权力来推进变革，能让员工感受到公司对他们的信任和尊重，感受到他们的贡献对公司至关重要，这样员工的积极性和创造力才会被激发出来，从而更积极地参与变革。

　　杰克·韦尔奇是通用电气公司历史上最为著名的CEO之一，1981～2001年，韦尔奇在任期间推动了公司的巨大变革。他把授权看作领导者必须具备的一种才能。在他看来，"掐着他们（员工）的脖子，你是不可能把工作热情和自信注入他们心中的。你必须松手，放开他们，给他们赢得胜利的机会，让他们从自己所扮演的角色中获得自信"。

　　1981 年担任通用电气公司总裁以来，韦尔奇一直在思考如何有效管理员工，提高公司的生产率。他发现，通用电气公司内部存在着过多的管理，这造成了懈怠、拖拉的工作氛围，使整个公司都死气沉沉、毫无活力。要想使公司在一个变幻莫测、竞争激烈的市场环境中获得巨大的发展，必须打破这种氛围，所以，改变工作方式就成了当务之急。

　　韦尔奇首先打破了组织层级，取消了大量的中层管理人员，将决策权下放到各个部门和团队。这样一来，每个员工就拥有了更多的自主权，能够更快地做出决策，组织的灵活性和响应速度便得到了提高。为了让员工能够实现他们的目标和期望，韦尔奇会给予他们必要的资源和权力。他会鼓励员工积极探索新的想法和方法，并在必要时向他们提供支持和建议。

　　为了使授权达到更好的效果，韦尔奇非常重视绩效评估和反馈。他认为，只有通过绩效评估和反馈，员工才能知道他们是否达到了预期的目标和期望。他要求所有员工都明确自己的工作职责和目标，并将其与公司整体目标相结合。他通过制定关键绩效指标，对员工的表现进行跟踪和评估，并定期与员工进行绩效沟通，给予他们必要的支持和指导。同时，韦尔奇也不惜撤换那些表现不佳的员工，以确保公司整体绩效的不断提高。

　　通过授权行动，韦尔奇成功地将通用电气公司从一个过时的制造业巨头转变为一家高科技、多元化的企业。他的管理方法不仅对通用电气公司的成功产生了重要影响，也对现代企业管理产生了深远的影响。
　　————

我们可以借鉴韦尔奇的授权方式来推进组织变革。

第一，明确目标和职责，让员工知道他们需要完成什么任务，清楚自己的职责范围，并知道如何衡量成功。

第二，建立信任。授权要建立在信任的基础上，管理者要相信员工能够胜任任务，员工也要相信管理者的决策和方向。只有双向的信任才能保证授权持续地进行下去。

第三，提供资源和支持。为了让员工成功完成任务，管理者需要提供必要的资源和支持，如资金、设备、培训、技术支持等。

第四，给予自主权。**授权的关键是给予员工自主权，让他们能够自主决策、行动和承担责任。**管理者要相信员工能为他们的行动和决策负责，给予他们充分的自由度来实现目标与期望。

第五，监督和反馈。虽然授权可以使员工在自己的职责范围内自主工作，但管理者仍应该对他们进行监督和反馈。这可以确保任务得到及时完成并使员工学会如何改进他们的工作。**授权如同放风筝，既要勇敢放手，又要牵住线，不要让风筝失去控制。**如果光牵不放，风筝是不可能飞起来的。如果光放不牵，风筝要么直接飞不起来，要么飞上天以后失控，最终栽到地上。只有边放边牵，进行适当的控制，才能放得高、放得持久。而且，风筝线的韧性也要足够好，这样才可能随时把风筝收回来。管理者在授权的过程中，要把握住这根"风筝线"，要把授权与合理的监督和反馈结合起来。

第六，激励和认可。激励和认可是授权的重要部分，通过制定合理的奖励机制和评价体系，以及及时地表扬和鼓励，可以有效地激励员工，提高他们的工作热情和满意度，促使他们更加努力地工作，从而实现组织的目标。激励和认可还可以提高员工的自我价值感和自信心，让他们更加愿意接受挑战和尝试新的工作和任务，这对组织的变革和发展来说是非常重要的。

在授权行动时，管理者可以借鉴以上方式，当然，要根据组织的具体情况和员工的特点进行灵活应用，以获得更好的效果。

创造短期成效

在变革过程中，制定一些能够快速达成的短期目标，并确保其实现，让整个团队不断看到胜利的果实，可以为变革提供强有力的证明，使公司上下始终保持对变革的信心和动力。

变革是一个漫长的过程，如果不能以短期成效来激励员工，员工就容易对变革产生怀疑，这有可能让所有努力功亏一篑。而快速实现短期目标可以帮助组织展示其变革的成效，员工们看到后会更相信变革的意义，并且更积极地参与其中。这些目标的实现还能吸引更多人参与变革，为后续的变革工作提供更多的资源和支持。同时，通过快速实现短期目标，组织可以收集更多的数据和反馈，从而识别出改进机会，并及时采取措施。这有助于组织更快地适应变化，提高工作效率，为整个变革过程打下坚实的基础。

很多企业都曾通过创造短期成效来促进变革的持续进行。

还以通用电气公司为例，20世纪80年代初，通用电气公司的利润率只有3%，而且公司成长缓慢。韦尔奇接任CEO后，推行了"5亿美元计划"，主要目的在于在一年内为公司创造5亿美元的短期收益。这个计划推动了公司的变革，使其成为一家极具竞争力的公司。

亚马逊也是如此。亚马逊在1995年刚创立时，立志成为全球最大的在线书店，但是，由于竞争激烈，公司很快就出现了严重的现金流问题。为了解决这个问题，亚马逊推出了一个名为"超级销售周"的活动，以创造短期成效。这个营销活动取得了巨大的成功，不但成功地解决了亚马逊现金短缺的问题，还为亚马逊后续的发展打下了基础。

————

这些案例充分说明了创造短期成效对企业的意义，那么，怎么创造短期成效呢？关键在于以下几点。

一是确定一些易于实现的短期目标，这些目标应该是可量化和可衡量的，并且与企业的战略目标、变革的总目标以及核心业务相关联。这些短期目标往往出自企业的高价值领域，如市场份额最大的产品线，或者是在客户体验方面存在问题的领域，因为这些领域可以在短期内带来显著的成效。通过实现这些目标，组织可以快速获得一些经济效益和动力，以便进一步推进变革。

二是快速实现改变。在确定了短期目标和优先事项之后，必须以足够快的速度取得短期成效。这可以通过简化流程、优化产品或服务、改进供应链等方式来实现。为此，企业要为这些短期目标分配足够的资源，包括预算、人员和技术设备等。同时，在取得成效后，应该及时传播成功案例，多进行宣传和庆祝，帮助员工了解变革对公司的积极影响，以此激励员工继续参与到变革中。

三要强调团队合作。变革需要团队合作和资源整合。组织应该鼓励员工之间的合作和协作，并将短期目标作为共同的目标来实现。

为了创造短期成效，组织还要鼓励新思想和创新，并提供资源和支持来实现这些想法，因为新思想和创新能帮助组织快速找到实现目标的最佳途径。这可能需要组织内部的文化转变，如鼓励冒险和试错等。只有支持新思想，才能在变革中不断创造新的机会和成效。

需要注意的是，短期成效不应该成为变革的唯一目标。组织应该追求的仍然是长期目标，而创造短期成效只是帮助组织实现长期目标的手段之一。

不要放松

在创造了一些短期成效后，企业决不能因此而放松。有些人一看到取得了一些成果，就觉得变革已经距离成功很近了，在心态上就松懈了，在意志上就动摇了，这会对变革造成极大的负面影响，比如导致长期目标的丢失，使变革失去前进的方向，使组织成员丧失变革动力。

其实，变革过程中的短期成效并不意味着变革的成功。企业要看到变革的长远影响和潜在机会，不要轻易满足于眼前的成果，要继续努力推进变革，保持对变革目标的持续追求和对实施过程的不断优化，并不断寻求新的发展方向和机会。

在变革的过程中，管理者一定要摒弃急于求成的心态。企业在变革过程中过于急躁、追求一蹴而成，可能会导致目标不清晰、行动不协调、资源浪费等问题。企业在进行变革时，应该注重策略的规划和执行，不要在变革过程中放松努力，而应该持续地跟进和调整，注重企业的长期发展。

企业变革不是一次性的行动，而是一个长期而复杂的过程，需要耐心和恒心，需要持续地投入精力和资源，这样才能逐步实现变革的目标和愿景，获得持久的成功和可持续发展。尤其是在商业环境不断变化的今天，消费者的需求随时可能会发生变化，竞争对手也可能会采取新的策略和举措来争夺市场份额，企业的变革不能停滞不前，而应该始终保持对市场和竞争环境的敏感度，及时调整自己的行动计划，使内部变革的方向始终对应外部环境的变化，以实现长期的成功。

巩固变革成果

变革的最后一步是确保取得的成果得到巩固，同时推动更深层次的变革，使企业获得长期的竞争优势。

巩固变革成果至关重要，这是因为，在企业进行变革的过程中，往往需要投入大量的资源，包括时间、精力、人力和财力等资源，如果变革的成果不能够得到巩固，这些投入就白白浪费了。同时，通过巩固变革成果，企业可以建立更加灵活和更具适应性的组织结构和文化，更好地适应市场变化和未来的挑战，从而取得更好的业绩和发展。

除此之外，巩固变革成果还能不断地为员工提供清晰的目标和方向，并增强员工的信心和归属感，从而提高员工的士气和工作积极性。员工对企业变革的成功至关重要，巩固变革成果可以增强员工的信任和认同，从而为企业的长期发展奠定基础。

这八个步骤并不是线性的，而是相互依存、相互支持的，需要不断地反复、调整和补充。变革八步法提供了一种系统的方法来实现组织变革，可以帮助企业克服变革过程中的各种难题，确保变革成功实施。

以系统性纲要引领变革之路

遵循变革八步法，企业就能一步步走完变革之路。不过要想确保变革的最终实现，还有一项非常重要的工作要做——为变革制定一个系统性纲要。

工作中我们常会说到"提纲挈领"，"纲"指的是渔网的总绳，"领"指的是衣服的领子，所谓提纲挈领就是抓住事物的关键和要领。作为纲领性文件，变革纲要发挥的作用也是如此。它是对企业变革的总体规划，明确了变革工作的目标、面临的挑战和将要发生的变化，提出了变革工作应有的信念和基本的管理准则，并明确了在变革过程中保障成功的关键工作。可以说，有了变革纲要，变革才能始终走在正确的方向上，公司全体员工才会建立起关于变革的心理契约，团队才有灵魂。

一份好的变革纲要应该具备哪些要素？以下是我们协助一家优秀的公司进行"从优秀到卓越"的变革时与这家公司的中高层管理团队共创的变革纲要。这是一份比较完备的纲领性文件，可供参考。

前言

《变革纲要》是阐述公司在上市之后新的发展规划及未来3年各项变革关键工作的纲领性文件。公司的各项变革工作将以《变革纲要》作为最根本的原则和依据。

通过本次变革，我们期望能够打造一个更具竞争力、可持续发展的公司，为客户提供更优质的产品与服务，全面提升公司的竞争力。通过战略梳理、流程优化、人才激励及企业文化落地等措施，我们期望实现从产品到市场的全面升级，进一步巩固公司在行业中的领先地位。

《变革纲要》是集体智慧的结晶，在变革过程中，我们将注重团队协作和沟通，确保每位员工都参与到变革中来，共同为实现公司的目标努力。各部门都应该认真消化和吸收《变革纲要》的内容，在本部门内进行宣传和赋能，并在《变革纲要》的引领下开展本部门的变革与升级工作，落实升级举措。

《变革纲要》不是一成不变的，它将随着公司变革工作的推进和讨论的深入，不断得到修订，我们也将在变革过程中积累宝贵的经验和教训，为公司未来的发展提供坚实的支撑，也欢迎所有员工为《变革纲要》的完善提出宝贵意见。

第一部分　变革愿景与目标（三年）

公司三年变革愿景

构建以战略为驱动，高效、创新、有活力的学习型组织，助力公司可持续地高速增长。

变革目标具体描述

- 力争20××年实现营业收入×××亿元、市值×××亿元、净利润××亿元，复合增长率不低于××%。
- 公司战略目标清晰明确并在公司上下达成共识，全员皆知；战略解码与执行有明确计划，落实到位。
- 全面提升企业创新能力，加强产品、技术、管理、流程、制造、商业模式等多维度的创新能力。
- 扩大领域优势，构建核心竞争力。在快速变化的市场中，拥有前瞻性的思维能力、敏锐的行业洞察能力、深入的需求挖掘能力和实时的竞争对手分析能力，迅速调整组织架构、营销模式和服务水平，提升产品研发速度和爆品打造能力，从而适应市场的变化，持续提升产品、服务、品质、成本等方面的优势。

- 形成与运营规模相匹配的组织运行体系和管理模式；借助数字化管理工具，持续提升组织运行效率。

- 形成以客户为中心的数智化、成长型组织。不断丰富企业文化和价值观的内涵，使之更广泛地被员工、股东、客户、供应商等利益相关者认同，并更深入地付诸实践。

- 培养和凝聚行业内最优秀的人才，不断创新、持续进步。

第二部分　认清我们的挑战

外部环境的挑战

全球贸易进入低增长时期，地缘政治博弈加剧，国内经济体制改革持续深化，市场竞争加剧。公司正面临着新兴市场快速崛起、行业领域愈加细分、新技术层出不穷且迭代速度快、友商竞品不断冲击、公司营收和利润双增长困难等多方面的挑战。

在市场竞争越发激烈、生存危机愈加严峻、增长困境日渐凸显的情况下，我们更应厘清战略方向和战略意图，加强对外部环境、政策导向、客户战略等变化的敏感度，提升公司核心竞争力，快速适应市场变化，打造强产品力，拓宽企业护城河，努力实现公司的战略目标，确保营收和利润的高速增长。

业绩增长的挑战

成熟业务进入瓶颈期，从"蓝海"向"红海"转变，竞争重点也从增量市场转向存量市场的博弈。同时，新业务拓展速度缓慢，产品竞争力不足，整体业务形势挑战重重。

公司目前的商业模式、经营思路、组织架构、组织能力、产品技术、创新能力等已无法应对未来的挑战。

战略的挑战

由于缺乏从未来看现在的战略思维，我们对外的洞察力不足，对市场变化的敏感度较低，获取信息和分析数据的能力不足，这导致我们较难制定出正确且具备高成长性的发展策略、经营策略、市场策略和产品策略。在已经进入的部分行业领域中，我们也缺少对产业变化和行业应用的深入和细致的研究。

企业战略目标不清晰、不精准，对我们未来的生存和迭代是巨大的挑战。

内部运营的挑战

公司在内部运营层面存在较大的提升空间。我们有多样性的产品线，客户个性化需求高，因此在组织效率、流程管控、沟通协作、生产交付等方面均面临较大挑战，导致研发资源、人力资源等未充分发挥效用，数智化进展慢，存在效能低下、资源浪费等现象。同时，在某些细分领域的创新能力不足，未能有效支撑内外部发展竞争力。

组织与文化的挑战

公司的组织结构、资源配置、组织活力等软实力无法有效支撑当前多产品线的运营管理，责权利混乱，组织协同不顺畅，团队活力不断减弱，个人能力和组织能力水平与公司发展需求存在较大差距，难以支撑未来业务目标的实现。

公司文化建设相对薄弱，虽然大部分员工能认同公司的文化和价值观，但是在践行时，仍有小部分员工有违背公司价值观的表现，如缺乏责任心、相互推诿、不担当不作为、暴力沟通、得过且过等。

人才、绩效与激励的挑战

公司业务的发展需要、内外挑战的增加对人才提出了更高的要求，而公司现在的情况是外部人才竞争激烈，内部人才成长乏力，学习能力偏弱，基层员工缺乏锻炼机会。可见，我们在关键人才选拔、培养、晋升、激励等方面仍存在较大不足。

第三部分　理解公司的变化

企业规模的增长和企业战略的清晰必将给组织、团队和个人带来巨大变化。我们将尽快重新梳理公司战略，形成从战略规划、战略路径到战略执行的 PDCA 循环。

根据战略目标进行组织架构的优化，我们需建立起与公司发展阶段和规模相匹配的组织架构和责权体系。我们将更加强调对责任、权利和担当的认知，明确各级领导干部的责任与权利，大家各行其权，各担其责。

以企业愿景和使命为牵引，以文化和价值观为行为指导，建立支撑战略落地的配套流程和机制，持续优化员工行为，提高全员的协作意识、服务意识、品质意识、成本意识，构建有活力、全面创新的学习型组织。

持续为客户提供值得信任的、满意度高的产品和服务，提高企业价值和品牌影响力，保持行业领先的地位。

第四部分　变革准则之五坚持、十反对

我们理解公司和各产品线所面临的挑战，我们不满足于过去的功劳和暂时的成功，我们决心在不确定的环境中快速地调整自己，迎接挑战。我们坚信能够更好地运用资源，提升生产力，取得变革的成功。我们的变革要从领导做起，依靠团队力量，发动全员智慧，我们一定能够实现增长。在变革的过程中，我们要遵循基本的管理准则，即"五坚持"和"十反对"。

公司变革"五坚持"

坚持客户导向。将客户的需求和满意度放在首位，通过深入了解客户需求、以客户为中心，优化客户体验，建立客户关系管理机制等方式，提升公司的竞争力和可持续发展能力。

坚持全局最优。这是一种以目标为导向的思维方式。在决策前，对各个环节进行深入分析和权衡，运用多维度思考方式看待和分析问题，更好地理解问题的本质和关键，找到全局最优的解决方案。

坚持战略导向。聚焦企业核心业务和长期目标，帮助公司在复杂多变的市场环境中保持领先地位，提高公司的竞争力和绩效，促

进员工的个人发展和自我实现。

坚持持续改善。通过持续改善，不断追求更好的产品和服务，不断提升客户满意度，提升效率，降低成本，不断地学习、尝试和反思，增强企业的竞争力和创新能力，实现可持续发展。

坚持务实精进。始终保持积极向上的态度和行动，在做事和思考时要更加注重实际和现实，同时追求进度和质量的提升，努力提高自己的业务能力。

公司变革"十反对"

反对本位主义。在做决策时须考虑到整体的利益和大局，遵守诚信和公正的原则，通过合作、交流和分享来推动工作的进步。

反对形式主义。秉持企业的文化和价值观，反对欺上瞒下、工作不实、文山会海、表面文章、贪图虚名、弄虚作假等问题。

反对不以结果为导向。不关注实际结果或预期目标，缺乏目标意识、责任感和决策能力，会严重影响工作效率，导致无法达成目标。

反对完美主义。在实现目标的过程中，以发展的眼光看问题，不过分追求完美，设定合理的目标，并逐步调整和实现。

反对经验主义。主动走出"舒适圈"，警惕"唯经验论"，建立批判性思维，倡导开放心态，强调实践和调查研究的重要性，并建立科学的决策和评估机制，从而更好地推进工作和实践。

反对只提困难不提建议。鼓励跨部门提出问题和困难，积极思考并寻找解决方案，促进合作和创造力的发挥，提高解决问题的效率，同时建立彼此信任和尊重的关系。

反对没有全局观的局部优化。全局是由多个局部构成的，全局最优并不是简单的局部最优之和。有时候为了实现全局最优，我们需要在某些局部进行权衡和取舍。

反对使用没有经过验证的流程。只有经过验证并确认可行的流程才能保证产品的质量，降低风险并提高工作效率。

反对只观望不躬身入局。只有通过亲身参与，才能更好地理解情况，积极发挥自己的能力，解决问题并获得宝贵的经验，促进个人成长和团队的合作。

反对变革无用论。鼓励全员积极适应变革，勇于创新并承担责任，只有拥抱变革，不断寻找改进的机会，并明确变革的目标和计划，个人或公司才能在竞争激烈的市场中获得成功和发展。

———

借鉴这份变革纲要，管理者可以为自己的企业制定出完备的变革纲要，让企业的变革有明确的规则和依据，从而凝聚组织，使公司上下同心、同欲、同行，创造合力，共同进化。

变革是企业发展的必然，虽然要经历漫长而痛苦的过程。如果企业不能随着时代的进步而不断变革，就很可能会被时代淘汰。外部环境永远是不确定的，企业只有通过变革打造自身的确定性，才能更好地应对不确定性带来的各种风险与挑战，从而成功穿越周期，获得可持续发展。

CHAPTER 8

第 8 章

齿轮论：
以齿轮模式激活组织活力

认真思考企业的运作机制，我发现，企业内部的一个个齿轮不是线性串联或并联的，而是像机械表中的一个个齿轮一样，相互连接、相互耦合、相互传动，而且往往是小齿轮带动大齿轮。这种新型的组织模式就是齿轮型组织，它既能促进专业合作、实现低成本控制，并且是自运行且高效的，是企业应追求的组织模式。

组织进化的方向——自组织

过去20多年，在中国加入WTO、互联网+、供给侧结构性改革等的大背景下，在投资、出口和消费"三驾马车"的带动下，中国企业经历了高速发展的阶段。

随着世界格局的变化，我国开始构建"双循环"的新发展格局，中国企业进入内生式的高质量发展阶段。

从外部驱动走向内部驱动，就好比从"风筝模式"走向"飞机模式"，企业需要构建强大的组织能力来应对未来的挑战，把握未来的机遇。事实上，许多企业家、管理者都已经体验到这种模式转变带来的压力。过去的管理者重在"执行"，未来的管理者则重在"设计"，需要系统提升组织能力并完成自身的成长。

　　时代的发展也对企业提出了同样的要求。人类从工业时代进入数字时代后，以人工智能、物联网、区块链、5G等为代表的数字技术彻底改变了人类的协作方式，使组织逐渐瓦解、消融，使个体生命的自由价值得到充分释放。数字浪潮的到来、数字化企业的迅速崛起使市场竞争格局出现颠覆性变化，快速迭代、灵活多变、快速响应客户需求、应对市场变化成为数字时代企业必须具备的核心竞争力。

　　基于以上种种原因，传统企业的组织结构与形式需要不断进化。这成了在当前复杂多变的环境下企业必须不断探索的课题，既有理论意义，也有实践意义。

环境变了，组织模式也要变

　　过去，传统企业普遍采用的组织结构是科层制。科层制将企业中的人按照职位等级和职权范围分成不同的层级，每一级都有明确的职责和权利，职责边界清楚，工作流程清晰明了。这种分层管理模式能极大地满足工业化生产对组织管理的需要，它所带来的稳定性和可控性使传统企业的高效运转得到了切实保障。然而，数字时代，企业的内外部环境发生了巨大的变化，这些变化导致科层制不再适应企业的发展。

外部环境变化

　　数字时代，企业面临着外部环境的快速变化，包括市场需求、竞争格局、技术进步等方面的变化。这些变化要求企业必须具备快速响应的能力，能够迅速适应市场变化和客户需求。而在传统的科层制管理模式中，决策需要逐级上报和审批，决策过程缓慢、效率低下，无法及时应对市场的变化和竞争的挑战。

内部组织变化

数字时代，企业内部也发生了很多变化。创新能力成为企业竞争的关键因素，企业越来越强调自主创新，而科层制却缺乏灵活性，组织中的员工往往只会按照规定的程序和方式进行工作，这极大地限制了员工创造力的发挥，阻碍了组织的创新和发展。

信息流动变得更加快速和透明，这需要企业进行便捷、高效的信息沟通和协作，而科层制管理模式强调等级和控制，信息需要逐级传递，很难做到实时沟通，导致信息流通迟缓、失真与滞后，对企业内部的沟通和协作造成阻碍。

同时，数字时代的员工需求也发生了变化，员工更加注重工作的意义和价值，更加关注自我实现和成长，期望企业提供更加有挑战性和有意义的工作，期望企业提供更加完善的福利和培训体系。而在科层制组织结构下，企业只需要员工执行上级领导的决策和安排，不重视员工的职业发展和个人成长，导致员工对个人价值的追求得不到满足，工作热情和积极性大打折扣。

技术变化

数字时代的企业利用信息技术和数字化工具实现高效运营和创新发展。比如，企业利用大数据分析和人工智能技术进行数据驱动决策，利用云计算和物联网技术实现灵活的生产和供应链管理，利用数字化营销和客户关系管理工具提升客户体验等。而科层制管理模式较为传统，缺乏数字化工具和技术的支持，难以适应数字时代的快速发展和需求。

由此可见，**在数字时代，组织创新成了企业获取竞争优势的必然选择**。越来越多的企业开始探索新的组织结构和管理模式，以更好地适应快速变化的市场环境，促进组织的创新和发展。

企业应追求自组织

一个企业究竟应该追求什么样的组织状态？

达利欧说："我的最终目标是创建一部运转得极好的机器，我只需在一旁坐享其成。"我们追求的组织应该处于一个不需要人为干预、能自动运行的状态。达利欧就创造了一个自组织，而不是他组织。

当企业呈现出一种自运行的状态时，企业的老板一定有一种幸福感，发自内心地感到美好的事情自然发生，然后只需坐在一旁，欣赏员工、鼓励员工，并给大家一些美好的感觉。

但是，还有一些企业的管理者，他的感觉是截然不同的：企业离开他就没办法运转，就会发生停顿，他也觉得自己很重要。每次出差十天半个月回来之后，都会看到企业的各种问题堆在一起。于是，他像老中医坐诊一样，一个个接见怀揣着各种困惑的高管们。这样一天下来，真的很累，但他还觉得挺有成就感——"看，这个企业离开我就不行"。

其实，如果一个职业经理人有这种想法，那并不奇怪，因为职业经理人追求的是个人的不可替代性。但作为老板，一定要把个人的不可替代性降到最低，让组织无论离了谁都不会停止运转，都能自运行。

不过，自组织需要一种组织机制的保证才有可能自运行。那么，真正的组织运作模式到底是什么样的？什么样的组织模式才是常态？

组织模式的演进方向

卓越的企业都在追求一种动态的、自适应的组织形式，以适应科技和文化的发展。组织模式的演进方向，如图 8-1 所示。

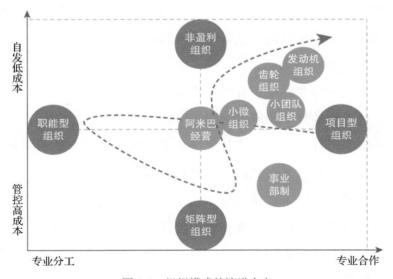

图 8-1　组织模式的演进方向

从横向来看，组织模式的演进方向是从专业分工向专业合作转变，不断地追求组织的协作与协同。

自亚当·斯密时代开始，组织模式是基于专业进行分工的，即将一个复杂的任务分解成多个简单的子任务，再将不同的子任务分配给不同专业的人员进行处理，最终通过协调各个职能部门的工作，完成整个任务。组织的进步来自分工，有了分工，生产力才能极大地提升。这种组织模式在工业时代具有显著的优势，能够提高生产效率和产品质量。

但是，进入数字时代后，这种组织模式已经不能满足企业的发展需求，需要向专业合作模式转变。分工是基础，合作才能更加高效。专业合作是指在任务执行过程中，各个专业人才通过沟通和协作，相互协调，协同完成任务。相比专业分工，专业合作强调的是团队协作，不同领域的专业人才共同协作，从而更好地应对复杂的市场和客户需求。

发生这种转变的原因有以下几点。

一是工作的复杂性需要协同合作。

在数字时代，工作越来越复杂和多样化，企业需要不同领域的专业人才，这些人才在知识、技能和经验方面各具优势，但单一的专业分工模式已经不能满足组织的需要。只有通过协同合作，将不同领域的专业人才组合形成高效的团队，实现技术、知识、经验等资源的整合和优化利用，提高沟通效率和协作效率，企业才能更好地应对挑战。

二是跨领域的合作促进创新。

数字时代的市场需求日益多样化，企业需要不断创新才能保持竞争力。专业合作模式可以将来自不同领域的人才组合在一起，共同解决问题、实现产品或服务的升级迭代。跨领域的合作有助于创新和发展，从而使企业更好地适应市场需求。

三是企业对员工创造力的需求不断增加。

专业分工模式容易使员工被框定在自己的工作范围之内，缺乏更广阔的视野和创新思维。而专业合作模式通过鼓励员工在不同的领域进行交流和协作，不断激发员工的潜力和创造力，让他们更容易跨越自己的工作领域，积极探索新的机会和可能性。

因此，从专业分工向专业合作的转变成了组织进化的一个重要方向，越来越多的组织倡导专业合作，通过协同合作实现更高的组织效能和更强的竞争力。

从纵向来看，组织模式的演进方向是从管控高成本向自发低成本转变，不断降低组织的控制成本。

如果一个组织的控制成本很高，它就不是一个好的组织。传统企业通常采用的是管控式的管理方式，对员工的工作行为进行严格的控制与监督，以确保员工的行为符合企业的规定和标准，包括工作时间、工作流程、工作质量等方面。虽然管控能确保员工的工作行为符合企业的要求，但是它也会增加企业的管理成本，企业需要投入更多的人力、物力和财力来实施。

而数字时代，越来越多的企业开始建立能激发员工自发性的组织模式，鼓励员工自主思考、创新和发挥潜力，让员工自发地去完成任务、发现和解决问题，提高工作效率和质量。一旦员工有了更多的自发性，企业就可以减少对员工的管控，管理成本将大大降低。

从这个角度来说，高合作、低成本才是组织演进的正确方向。**好的组织都要追求合作和控制成本。**如果你创造的组织一直处于分工或低合作、高成本的状态，那么，这个组织一定不是一个合理的、符合规律的系统。

齿轮型组织：让组织自驱动

在洞察了组织模式的演进方向后，我一直在思考：什么样的组织模式能促进专业合作、实现自发低成本，并且是自运行且高效的？后来，我发现了一种新型组织模式，并将其命名为齿轮型组织。

认真思考企业的运作机制，我发现，很多企业内部都存在一个个隐性的非正式小组，而大部分管理者并没有察觉到这一点。这些小组不是线性串联或并联的，而是像机械表中的一个个齿轮一样，相互连接、相互耦合、相互传动，而且往往是小齿轮带动大齿轮，所以，我将这些非正式小组称为"齿轮"。

发现这一点后，我并没有打破原来的流程和组织，而是把原本隐性存在的齿轮显性化，让它们成为企业中活跃的力量，为企业增加灵动性，从而避免灵动性不够、僵化、沟通协同不好、控制成本高的问题。

我最早在华星光电推广实施了这一新型组织模式，实践证明，各种跨部门、跨组织、跨层级的齿轮与正式组织结构的结合确实为华星光电战略的落地提供了有力的组织能力保障。

用 ARCI 法则分析齿轮的角色与定位

齿轮中有很多角色，这些角色是如何分配的，各自的定位又是什么呢？我们可以借用 ARCI 法则（阿喜法则）来进行分析。

ARCI 法则是一种常用的项目管理和团队协作方法，用于确定和定义团队成员在项目中的角色和职责。ARCI 法则是根据团队成员在项目中所扮演的角色（即责任分配）来命名的，四个字母分别代表四种不同的角色，具体如下：

- A（accountable，当责者） 对齿轮的目标完成负全部责任的人。通常只有一个人扮演这个角色，他需要确保项目或任务的顺利完成。
- R（responsible，负责者） 执行任务或活动的人。负责项目或任务的具体实施，通常是直接参与项目的人，可能有多个人扮演这个角色。
- C（consulted，事先咨询者） 在做出最终决策或行动之前必须咨询的人，可能是高层管理者或外部顾问。这些人通常拥有专业知识或信息，可以帮助项目完成，但不一定直接参与项目。事先咨询者与当责者是双向沟通模式，需向当责者提供专业的建议和支持，使项目或任务顺利推行。

- I（informed，事后告知者） 决策之后或行动完成后需要知会的人。这些人不需要直接参与项目，但需要知道项目的进展和结果。事后告知者与当责者为单向沟通模式。

这四个角色形成了一个独特的组织结构，如图 8-2 所示。

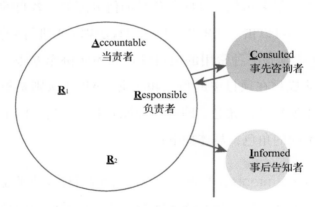

图 8-2　齿轮的角色与定位

在齿轮中，这四个角色的功能是不同的。

A 被赋予了充分的决策权，同时也要承担所有责任，其自主性和责任感得到了最大的激发；R 通常是基层员工，他们不必承担责任，只需要高效执行、完成自己的工作与任务，积极性和能动性得到了充分的发挥。每个任务只有一个 A，但可以有若干个 R 来完成工作。我们统计过，A 往往是提拔得最快的，因为在齿轮中他的领导力会得到迅速的提升。

企业的高层管理者往往自动退到了 C 的角色位置上，很多甚至仅仅承担 I 的角色，就是事后了解，无须起决策作用，这使得齿轮的运转不会受到太多干预，而在需要支持的时候又能及时得到帮助。在华星光电，我参加过三个齿轮——市场洞察齿轮、客户关系齿轮、战略决策齿轮，在这些齿轮中我担任的就是 C 的角色。

在这样的角色分工下，齿轮得以有序而高效地运转。

齿轮的组织方式：自组织、自管理、自驱动

我在华星光电应用齿轮论进行组织变革时采用的组织方式可供大家参考。

（1）自组织 员工可以自行申报组建齿轮，但须明确齿轮的使命、任务、运作方式、参与人员以及资源需求等。大多数情况下，齿轮是跨业务的，但其所承担的任务应与员工本职工作紧密相连。在不影响本职工作以及取得所在部门的同意的前提下，员工可以依据兴趣爱好，跨领域加入其他齿轮，或者组建新齿轮，一个人参与的齿轮数不超过 5 个。

（2）自管理 齿轮多数情况下是持续工作的小团队，进行自主管理，公司不干预其内部运作，但要求项目有明确、清晰的短期目标。

（3）自驱动 齿轮主要由其内在的使命驱动。

这种自组织、自管理、自驱动的组织方式，要求员工持续提高自身的职业素养。

齿轮的管理方式：内外部管理相结合

齿轮运作以公司授权的形式进行，在运转中自我发展、自我整合，但在公司上层应有管理单位，如华星光电就成立了齿轮管理小组，由CEO办公室牵头管理，多个部门共同参与。

1. 外部管理

齿轮管理小组作为齿轮的管理单位，主要负责为各个齿轮提供必要的资源与支持，其职责可以分为四部分，一是管理齿轮注册，支持齿轮工作，协助解决流程、授权、人才及资源方面的问题；二是发布公司齿轮地图，报告及记录齿轮的成绩；三是检讨和改善齿轮运作机制，调整和优化现有的组织机制；四是宣传公司的齿轮文化。

齿轮需要定期向管理单位提交业绩报告，如果3个月不提交报告，就视为自动注销，同时，齿轮还要接受齿轮管理小组评估，运作成效低的将会被整合。

2. 内部管理

齿轮运转由组长全权负责，齿轮组长通常由参与齿轮运转的人员中的一人担任，一般为该项目的发起人，其主要职责是负责齿轮运作的管理，监督和改善齿轮运作机制，调整和优化现有机制，并作为齿轮代表定期进行齿轮组运转情况汇报，对齿轮整体运转负责，对自身所负责的业务板块负责。齿轮成员全方位协同齿轮的运转，针对齿轮的运转情况提出自己的意见或者建议，同时对自身所负责的业务板块负责。

在齿轮运转过程中，齿轮组长须在固定时间（该时间在项目成立时即约定）编写一次综合性齿轮运转情况进度报告，并提交至齿轮管理小组，齿轮管理小组须仔细审阅进度报告。遇到无法解决的重大问题时，齿轮组长应立即召集紧急会议，监管部门及齿轮所有成员都需要到场，共同协商解决，保障齿轮正常运转。

项目完结后，齿轮需提交一份详细的项目完结报告，并组织开展齿轮项目复盘会，针对运转过程中出现的问题及解决方案、项目收获、项目意义等进行充分说明，会议记录须留档保存以方便查阅。项目复盘会议后，齿轮随项目完结而终止。如果项目因异常原因终结，齿轮也需要及时开展项目复盘会进行总结，复盘会结束后齿轮正式终止。因齿轮整体运转缓慢造成重大损失的，监管部门有权更换齿轮成员并重新进行运转，原齿轮开展检讨会后正式终止。

齿轮不止，运转就不止

在齿轮型组织中，每个齿轮都是能动的、自运转的、开放的，能带动别的齿轮，也被别的齿轮带动。齿轮不止，运转就不止。

那么，齿轮的运转会为企业带来哪些好处呢？

持续提升企业效率

齿轮型组织中有大齿轮，也有小齿轮，大齿轮的运转离不开小齿轮，必须靠小齿轮的高速运转来带动，同样，大齿轮的加速前行也会迫使小齿轮以更高的效率运转。通过大齿轮与小齿轮的互相带动、互相促进，企业的效率就会不断得到提升。

实现稳定的流程与组织间的灵活互动及有机结合

齿轮的存在，使得原本隐性的合作关系显性化，打破跨职能障碍，促进组织协同，真正意义上使组织原有的流程运行起来，实现稳定的流程与组织间的灵活互动及有机结合。

达到"集众人之智，借众人之治，达众人之志"

在齿轮型组织中，管理者的决策角色大大弱化，齿轮需要自我决策、自我管理，这使每个小齿轮自我解决问题的效率得到大幅提升，自身的专业化和决断力也因此不断提高。由此，员工可以充分发挥自己的能力和智慧，甚至可以成为领域内的专家。通过事事精进，达到人人精进，真正实现了"集众人之智"。另外，齿轮运转的过程是在以团队的方式支持员工释放潜能，因此也能够为组织或企业在培育新兴业务、技术和方向上赋能，加速组织发展，促进组织目标的实现，做到"借众人之治，达众人之志"。

以较低的失败代价，实现内部创新

齿轮模式使组织中的每个成员都能够通过在更小的单元里收获更多想要的东西来实现自身的价值，也使组织能够以较低的失败代价来尝试新方向、新战略。当收益提升、代价降低时，组织就会更愿意创新，也更愿意鼓励员工参与到创新过程中，进而真正实现"大众创业、万众创新"的"双创"文化。

当然，齿轮是为了完成特定的使命和任务而生的，通常来说，使命结束了，它就终止了。不过，在实践中，我有一个很有意思的发现：齿轮的使命结束之后，它本应自动解散，但很多时候，它没有解散，齿轮的成员们会聚在一起，为这个齿轮寻找新的使命。

企业的老板是以目标为导向的，但员工在工作过程中是由问题驱动的，那问题从哪里来呢？问题不在老板这儿，问题在员工身边。员工自己发现身边的问题，自己把问题变成使命，去解决它，驱动组织运作。这样一来，这件事情就变得特别有意义，企业的活力也就出来了。因此，我不断强调，老板以目标为导向，员工一定是以问题为导向的。

这些运转不止的齿轮就像一个个活的细胞，不断地激发着自己，使企业高速运转、加速发展。

齿轮的三大基因

齿轮是一个有生命力的责任体，包含三大基因：专精、当责和自驱力。这三大基因都是至关重要的，缺少了任何一个，齿轮都无法正常运转。同时，在齿轮中，这三大基因又分别发挥着不同的作用。

专精是齿轮存在的基础

专精是齿轮存在的基础，这是因为，齿轮是为了解决企业中的难题而存在的，齿轮如果没有对某一领域或某项技能的专精，就不可能解决复杂问题和创新性地应对挑战，也就失去了存在的价值。同时，员工之所以加入某一齿轮，通常也是因为他在某方面具有独特的能力，这种专精是他发挥自己潜力、实现个人价值的重要基础。

专精不仅包括对理论知识的深度掌握，还包括对实践技能和专业技术的应用。这种专精通常需要员工长时间地学习和实践，同时不断地更新自己的知识和技能，以适应不断变化的市场和技术环境。这就要求企业为员工提供学习的机会和平台，帮助他们提升专业能力，扩大他们的专业知识领域。

很多知名企业都非常重视员工专业能力的培养，比如宝洁。

宝洁成立于1837年，经过将近200年的发展，目前已经成为世界知名的日用消费品制造企业。随着社会经济的发展，消费者需求不断提高，给日化产业带来了新的挑战，对员工专业知识也提出了新的要求。为此，宝洁员工不得不及时更新自己的专业知识，以应对市场环境的变化。宝洁在全球拥有超过10万名员工，数量庞大，但宝洁重视对每一个员工的培养和训练。

宝洁建立了导师制度，为员工提供个人导师和团队导师的支持和指导。导师可以帮助员工制订职业发展计划、提供反馈和建议，并分享自己的经验和知识。

根据员工的需求，宝洁不定期地对员工进行专业能力的培训。当然，这种专业能力的培训并不是千篇一律的，而是有针对性地对不同工种、不同类型的员工开展的。比如，对管理人员，宝洁会专门组织管理技能和商业知识方面的培训。宝洁内部会开展很多关于这方面的训练课程，结合员工个人发展的需要，帮助员工提高管理能力、交流技巧以及领导技能，使他们在短期内学到自己在工作中所急需的管理方面的专业知识。除此之外，宝洁还经常邀请其他分公司的一些知识渊博、经验丰富的管理专家来讲学，使员工及时掌握当前世界最先进的管理策略和技术，并将之运用到工作中。对那些表现出色的年轻管理人员，宝洁会选派他们到美国、日本、英国、新加坡、中国香港等地的宝洁分公司去交流培训，使他们通过这种方式来丰富自己的专业知识，获得在不同环境下工作的经验，从而得到全面而多方位的发展。

宝洁还为员工提供了广泛的实践机会和挑战，包括跨部门、跨地区和跨品类等的工作机会。这些机会有助于员工扩展自己的技能和知识领域，同时也可以促进员工的个人成长和职业发展。

除此之外，宝洁还在公司内部倡导"尝试与学习"的文化，鼓励员工在工作中不断尝试新的方法，并从失败中学习和获得改进。这种文化有助于员工不断提高自己的专业能力和创新能力，并帮助企业实现持续的发展和进步。

————

宝洁的这些员工培养措施，不仅提升了员工的专业能力，同时也为企业的持续发展培养了源源不断的人才，实现了员工和企业的共同发展，值得我们借鉴。

当责是齿轮的文化土壤

当责是齿轮的重要基因，什么是当责？就是当家做主的责任意识。这种当责意识在企业中是非常宝贵的，**在组织中倡导当责文化，齿轮的发展就有了坚实的土壤。**

当责文化是我在华星光电时提出的企业文化。当时，人力资源干部跟我讲，能不能把 TCL 的文化搬过来？仔细分析之后，我们认为这样做是行不通的，一方面是因为华星光电属于高科技产业，并且是一家新企业，照搬一套文化体系过来不合适。另一方面是因为新企业应该让它的文化有一次内生的机会。所以，我认为，华星光电应该内生一种文化。

让企业文化自然而然地内生需要什么条件？你不能乱生，需要找到文化 DNA，然后围绕着 DNA 去内生。我当时为华星光电找到的文化 DNA 就是当责。

这是我从台湾的张文隆先生那里引进的，他在自己所著的《当责》一书中对这种文化进行了深度诠释，提倡人人当责。为了强化当责意识、了解当责工具，我们还请老先生过来给员工们讲以当责为主题的课程，引导他们学习当责的理念，了解当责的机制和规则，了解当责文化对行为的要求，了解当责可应用的工具。

为了帮助员工们进一步形成一致的当责行为标准，我们采取了两种非常有效的方式：一是部门内研讨出共同认可的当责正向及负向行为，二是汇总公司一致认可的主要的当责正向及负向行为。当责行为标准制定出来后，我们又将其转化为简单易传播的文档、图片，让大家可以方便、有效地进行学习和了解。同时，我们还把当责纳入人力资源管理的各个环节。每个人都当责，每个月都评选"当责之星"，连洗手间里都是宣传当责文化的漫画。当这两个字深入人心、深入骨髓时，当责文化在企业中就慢慢内生出来了。

当然，在这个过程中，最重要的是把当责文化真正落到实处。

为了加深员工对当责文化的理解，华星光电举办了一系列活动。华星光电有一面"当责点赞墙"，如果员工看到工作中谁特别当责，就可以把自己的"当责卡"投给他。我们还发起了"阿喜挑战"，把一个"阿喜娃娃"放在公司中，谁拿到了这个娃娃，就要在一周中做一件大家都认为能体现当责的事情，然后把这件事情记录下来发到微信朋友圈中，让大家点赞。这个传播是随机的，但人人都要参与。我们还组织了以当责为主题的微电影拍摄大赛和征文比赛，鼓励员工们通过视频、文字等丰富多彩的形式将自己的所见、所思、所想、所感、所做分享出来，弘扬当责的人和当责的事。

华星光电每个月都会对员工进行评比，当责的优秀员工会被授予"当责币"，当责币可以用来在公司的食堂、小卖部买东西，这不仅是一种物质奖励，更大的意义在于精神激励，因为当你使用当责币的时候，所有人都知道你是当责的优秀员工。

每年我们还会组织一次齿轮嘉年华，这个活动很有意思。我们有一个厂区很大，连接厂房的是一个封闭式的长廊，差不多50米长，各个齿轮自己去申请，去抢摊位、摆摊，来展示各自的成果，就像集市一样。在这个为期两天的嘉年华活动中，全体员工都可以去参观这些展示活动。各个齿轮会用各种生动活泼的方式向大家汇报自己的成果，相声、东北二人转、敲锣打鼓等各种才艺表演都用上了。大家给他们投票、和他们合影，他们很激动、很开心。其实，这些活动与奖金是不挂钩的，我们也不会给票数高的齿轮什么资源。但仅仅是精神激励就已经足够鼓舞人心了。

————

通过这些方式，公司中形成了浓厚的当责氛围，当责基因在潜移默化中植入了公司每个人的心中，员工的自主感、责任感、成就感都被激发了出来，收获了更好的合作、更高的效率、更强的竞争力。

后来，当责文化从华星光电扩散到了整个TCL，并被纳入TCL新的文化体系中。

自驱力是齿轮的动力源泉

齿轮的动力来自员工的自驱力，它能为齿轮提供源源不断的动力。

员工的自驱力来源于多个方面。一是内在动机。内在动机是指员工因为自身的兴趣、价值观和认知而感到满足、有乐趣或有成就感。这种动机源于员工自身的内心需求和追求，而不是外界的激励或奖励。比如，员工可能因为对某种技能或事物感兴趣而在工作中投入更多的时间和精力。

　　二是职业发展。员工对自己职业发展的追求可以成为自驱力的重要来源。当员工认为自己的工作可以帮助他们实现职业上的目标和雄心壮志时，他们会更加努力地工作和学习。这通常需要公司提供培训、晋升机会和更广阔的发展空间来激发。

　　三是成就感和认可。员工在工作中获得的成就感和得到的认可可以激发他们的自驱力。当员工感到自己的工作被认可和重视时，他们会更加努力地工作，并为公司创造更大的价值。这可以通过给予员工适当的赞扬和奖励来激发。

　　四是团队和文化。公司的团队氛围和文化也能影响员工的自驱力。当公司营造出一种积极、乐观、互助的氛围时，员工会更愿意参与到团队中来，并在工作中积极发挥自己的能力。这需要公司建立起积极、鼓励创新和合作的企业文化来激发。

　　五是工作环境和福利。当员工在一个舒适、有序和良好的工作环境中工作时，他们会更加专注和投入。此外，一些良好的福利和待遇也可以激发员工的自驱力，让他们更加有动力去完成任务和提高绩效。

　　这些方面对于激发员工的自驱力都很重要，但自驱力最重要的来源是强烈的使命感。使命感是一种强烈的内在动力，它来自人们的一种认知，即认为自己所从事的工作有着重要的意义和价值。当员工意识到自己从事的工作对于自己、他人、组织甚至整个社会都有价值时，他们会更容易激发出内在的意愿和动力投入到工作中。

　　当员工有了自驱力，齿轮就有了澎湃的动力，齿轮的运转又会促进企业的发展。

充满活力的齿轮型组织

各个齿轮高速运转、彼此之间高效协同，使齿轮型组织充满活力。这种活力源于以下七点。

去中心化

齿轮型组织把更多的资源和权力分配给更靠近客户的各个齿轮，而不是把权力集中在一个中心，由此，**每个齿轮都成为企业真正的驱动力量，而不是所有的行动都要依靠中央枢纽去指挥。**

为什么能达到这样的效果呢？这是因为，去中心化使各个齿轮能够自主地制定工作方案、做出决策，并对执行和结果负责，这么一来，组织更加灵活、高效，能更快速地响应市场变化和客户需求。同时，更多员工直接参与到决策和管理的过程中，他们的工作和贡献也更加被重视，员工的士气和满意度由此大大提高，他们更有动力去发掘企业的潜力，不断创新和改进业务。

去中心化带来的决策和管理的分散，还避免了单一领导者或决策集团的错误决策给企业带来的风险，同时使企业更加透明和公正，使员工和客户更容易了解企业的运作和决策，避免了信息的不对称和权力的滥用。

反科层

在前文中，我们已经详细讲述了什么是科层制，这种组织方式会导致企业的管理层次过多，使组织变得复杂、缓慢和低效。而齿轮型组织的一个非常重要的特点是反科层，即尽可能打破传统的层级制度，减少管理层次，简化组织架构，让更多人拥有决策权，鼓励团队协作和自我管理。

以我参加的齿轮为例，齿轮中大致的组成人员有我（CEO）、总监，还有普通员工。在正式组织中，我与普通员工至少差 5 级，但是，在齿轮型组织中，我与大家都是平级的，甚至承担 A 角色的员工在齿轮中的地位比我还要高，这就是反科层的表现。

信任

信任是齿轮型组织的典型特点。齿轮型组织通常会将决策权下放到各个层级，赋予员工更多的自主权，这使各个层级的员工都能参与到决策制定的过程中，提高员工的归属感和责任感。这种分层次的决策制定方式能促进企业内部各个层级之间的沟通和协作，从而形成互相信任的关系。

齿轮型组织还会将不同的工作流程分配给不同的部门和层级来完成，不同的层级之间需要进行紧密的协作和合作才能够保证整个工作流程的顺畅进行，这种相互依赖的工作流程又加强了各层级之间的信任。

开放性

开放性是齿轮型组织的重要特点，指的是组织内部和外部保持开放和互动。齿轮型组织具有更高的透明度和创新力。

这种开放性主要体现在四个方面。一是开放的组织结构。在齿轮型组织中，组织结构更加开放和平等，不同齿轮之间的沟通和合作非常紧密，员工可以自由地选择自己的工作内容和项目。

二是开放的决策过程。在齿轮型组织中，决策过程更加开放和民主。企业通常会为员工提供参与决策和解决问题的渠道或平台，使员工可以自由地表达自己的想法和建议，管理层会倾听和考虑员工的意见，最终做出更加客观和明智的决策。决策过程通常也很透明，员工和利益相关者可以对企业的决策过程和结果有清晰的了解。

三是开放的信息共享。齿轮型组织的信息共享更加开放和透明，不仅齿轮内部能顺畅地共享信息和资源，各个齿轮之间也有获取信息的途径，这有利于员工的自我学习和发展，同时也有助于企业的创新和发展。

四是开放的文化氛围。在齿轮型组织中，文化氛围更加开放和包容。员工在工作中可以保持自己的个性和特点，不必拘泥于传统的组织文化和规范，也不必担心被管理层排斥或压制。这有助于增强员工的归属感和自我认同。

齿轮型组织之所以更容易吸引人才和资源，开放性是一个很重要的原因。

自主性

在齿轮型组织中，每个齿轮都具有相对独立的决策权，能够自主地安排工作、制定目标和采取行动，并与其他齿轮进行协调和合作。

这种自主性源于齿轮型组织对自我组织、自我管理的鼓励与倡导。齿轮型组织希望每个齿轮都能自主地管理自己的工作、自主地协调和合作，不需要过多的上级干预。正因为如此，齿轮型组织允许各个齿轮根据自己的情况和判断自主地做出决策，而不是必须通过管理层的批准和指示；允许各个齿轮自主地行动，不需要等待管理层的指示和协调；鼓励各个齿轮发挥自己的创造力和创新性，探索新的商业模式、产品或服务，以满足市场的不断变化和需求的不断升级；要求各个齿轮对自己的决策和行动承担责任，在出现问题的时候能够自我调节和自我纠正。

当然，这种自主性需要各个齿轮有足够的责任感和合作精神，能够在自主的基础上协调一致，保证整个组织的发展方向和目标的一致性。

专业化

齿轮型组织将组织内的各个部门或团队分为不同的专业领域，使其能够在各自的领域内专注于执行任务和职能，从而提高组织的效率和成效。这种专业化可以提高员工的专业技能和知识水平，并使他们更好地掌控自己的领域。这种专业化还可以使员工更加自信和熟练地处理任务，并减少组织内部的冲突和混乱。

自带能量

齿轮型组织是自带能量的，因为齿轮型组织中每个齿轮都扮演着独特的角色，相互之间紧密协作，形成了一种自循环的机制。

这种自循环机制包括以下几个特点。

第一，紧密协作。齿轮型组织中的各个齿轮之间形成了紧密的协作关系，从而形成了有机整体。这种紧密协作能够使团队或个人更加积极地投入到工作中。

第二，高效运转。齿轮型组织中各个齿轮职责明确，各司其职，协作无间，形成了高效运转的机制。这种高效运转的机制能够保证组织内部的协作和沟通畅通无阻，避免资源浪费和重复劳动。

第三，共同价值观驱动。齿轮型组织中的各个齿轮拥有同一套价值观，即使在分散的团队和地域之间也能够形成共同的文化和认同感。这种共同的价值观能够让团队或个人在工作中更加自发地追求目标。

第四，自我修复。齿轮型组织中的各个齿轮都具有自我修复的能力，即使出现问题也能够自主解决。这种自我修复能力能够让组织更加稳健，避免个别团队或个人出现问题而导致整个组织崩溃。

凭借这种自循环机制带来的能量，齿轮型组织就能自我激励、高效运转、自我修复，整个组织的适应性和发展能力大大增强。

以去中心化的网络结构代替科层制的垂直集权结构，融入信任、开放性、自主性、专业化，同时又自带能量，这就是齿轮型组织。组织充满活力，企业才有勃勃生机。

齿轮型组织的运作机制

在了解了齿轮论的基本原理后，我们接下来要探讨的一个问题是：齿轮型组织具体是如何运作的呢？

华星光电的齿轮型组织的运作机制可以为大家带来一些启发。

在华星光电，每个经过官方授权的齿轮都要填写一张表格，这张表格上有几个重要内容——齿轮的名称、使命（解决什么问题）、角色分工（谁是当责者、负责者、事先咨询者等）以及行动计划等。提交这张表格后，齿轮要到公司专门的网站上进行注册，注册好之后公司会给这个齿轮一个编号。

华星光电有一个齿轮全景图叫齿轮地图（相当于热力图），可以检索公司中所有齿轮的重要信息。在高峰期，华星光电注册的齿轮数大约有500个，这就意味着，有500个齿轮在解决各种问题。如果按照每个齿轮由5个人组成来算，那就是有2500人在为公司解决问题。所以，当时公司的高管们都会习惯性地看齿轮地图。高频词多、齿轮的圈大意味着有很多员工在集中解决某个比较热门的问题。当然，也有的齿轮圈比较小，因为该齿轮的成员在解决某个小问题。

当公司遇到问题的时候，我在开会时通常会问大家：这个问题有没有齿轮在解决？如果他们说有，我又会问这个齿轮的当责者（A）是谁。对这些信息都有所了解后，我就基本放心了，因为这个问题有人在跟。在这种模式下，公司是不会出现那种问题一直悬着、没人解决的情况的。

每年华星光电都会评选优秀齿轮。评选有严格的标准，比如活跃度、贡献度等，其中，活跃度是第一指标，因为齿轮的一大贡献就是增强组织的活力与灵动性。

评选流程是先由齿轮小组提报，然后进行内部自评，最后交由厂长、总监审核。每个中心提交两三个齿轮进行年度优秀齿轮评选，集体评议各齿轮得分，然后评选出年度十大优秀齿轮。

当然，所有齿轮都要运转。华星光电要求各个齿轮必须在三个月之内提交齿轮报告，如果哪个齿轮没有及时提交报告，它就会自动地从齿轮地图中消失。

———

齿轮型组织让作为 CEO 的我感觉特别幸福，因为没有问题是死角，所有问题都有人发现，所有问题都有人去解决，员工的积极性很高，组织也充满活力。

当然，华星光电的齿轮型组织的运作机制不一定适用于所有企业，我建议企业家们根据企业的具体情况进行借鉴，打造出适合自身企业的齿轮运作机制。

第 9 章

组织领导力论：
组织领导力是企业的
核心竞争力

一个企业要想做成百年老店，"人"是最核心的要素。"集众人之智，借众人之治，达众人之志"不应是挂在宣传墙上的口号，而应成为公司各层级管理者的共同行动。当一个人的行动变成群体行动时，个人的领导力就变成了公司的核心竞争力。

让个人领导力转化为组织领导力

"杨三角"的提出者杨国安教授认为，企业持续成功有两大关键，用一个公式来表示就是：**持续成功 = 战略 × 组织能力**。

战略提供方向，组织能力则不断提高竞争力，聚焦战略目标，配置资源，打造基因。就算战略非常正确，但是如果组织能力跟不上，企业还是不能保证持续成功，因此需要持续地打造组织能力。

无论战略的制定与执行还是组织能力的持续打造，都离不开一个非常重要的因素，那就是领导者的能力、判断和坚持，简单来说，就是领导力。领导力是企业战略落地、打胜仗的决定性因素。"火车跑得快，全靠车头带"，在组织中，领导者就是火车头。任何一家卓越的企业的背后都至少有一位有能力、有担当、有谋略、有格局的领导者。我过去几十年的企业经营实践可以验证这一点，我在与数以千计的中国企业家的交流中也深刻地体会到了这一点。

然而，一家企业只有领导者的个人领导力是远远不够的，一个人可以带领企业走得很快，但要想走得很远，靠的是一群人的力量。从这个角度来说，个人领导力必须转化为组织领导力。企业只有在领导者强大的个人领导力带动下形成组织领导力，再由组织领导力带动形成系统性的核心竞争力，才有可能走向成功。

改革开放40多年来，中国有太多的"昙花企业"，它们在很短的时间里凭借着某位领导者对商业模式的创新、对风口的敏锐把握而崛起，像昙花一样瞬间绽放，却又像昙花一样迅速凋谢，成为时代大潮中的"前浪"。究其原因，正是它们缺乏组织领导力。而那些愿意投入不可估量的时间和精力将个人领导力转化为组织领导力，进而形成拥有核心竞争力的企业，则成了时代的强者，如华为、阿里巴巴，等等。

组织领导力能使企业上下同欲、众心归一，能最大限度地激发团队的整体战斗力，能使企业的效率和效能最大化。我们要在企业的发展历程中不断提升组织领导力，在企业的生命中注入组织的力量。

与个人领导力的塑造相比，组织领导力的打造是一项非常复杂、环环相扣的系统工程。从我的实践以及经验来看，如果能抓住三点，个人领导力向组织领导力的转化就有了好的开始，这三点就是：**集众人之智，借众人之治，达众人之志。**

集众人之智

什么叫"集众人之智"呢？做企业，不是看领导者一个人的能力有多强，而是要把大家的智慧集中起来，利用集体的知识、经验和创造力来推动企业向前发展。

比如，我会在企业中召开战略推演会，让大家和我一起花两天时间研讨怎么找到企业的目标和关键成功要素，最终形成一个特别完备的年度战略地图。很多人都感到非常困惑：你是不是提前就准备好了这个战略地图？答案当然是否定的。在开战略推演会之前，我没有预设任何答案，所有结论都是大家共同研讨出来的，这就是集众人之智。

我国古代思想家韩非子说："下君尽己之能，中君尽人之力，上君尽人之智。"这句话把管理者划分成了三个层次。

三流管理者"尽己之能"，事无大小都亲力亲为，虽然每天非常辛苦，却很难有所作为，因为他的时间和精力都耗费在处理繁杂琐碎的事务上了，无暇顾及经营规划、发展战略等真正有利于企业长远发展的重要大事，导致企业无法发展壮大。

二流管理者"尽人之力"，不会凡事都亲自去做，而是懂得发挥员工的能力，让员工在他的指挥下做他想让员工做的事情，他只需要做好决策、安排好任务即可。这样的管理者能把员工培养成优秀的执行者，却不能把员工培养成独当一面、自我驱动的人才。企业遇到问题的时候，他往往习惯于自己想办法解决，这给企业带来了巨大的隐患：决策对了皆大欢喜，决策错了则全盘皆输。这样的企业必然前景黯淡。

而一流管理者"尽人之智"，能集合众人的智慧，让大家参与企业的重要决策，用团队的智慧来经营企业。他总是给员工提供做事的方向而不是方法，并且相信员工的能力大于自己的能力，乐于授权、敢于授权，能让员工得到充足的空间发挥自己的聪明才智。企业即使离开了他也能良性运转，这是最高级的管理境界。这样的管理者不仅能发挥员工的能力，更能把员工自己都意识不到的潜能挖掘出来。在这样的管理者的管理下，企业一直在正确的轨道上向前发展，即使偶尔偏离方向，也能迅速得到纠正，回归正轨。

管理者的管理思维决定了企业能走多远，一个有领导力的管理者一定懂得团队的智慧高于个体的智慧，能集众人之智，让企业获得持续发展的动力。很多成功企业之所以会成功，原因正在于此。

那么，怎么才能集众人之智呢？

我有几个常用的方法。一是营造开放的文化氛围。企业需要营造一种开放、宽容、互信的文化氛围，这样的氛围能让员工感受到他们的观点和贡献是受到欢迎和重视的，他们会更愿意分享自己的经验和想法，同时也能够更加包容和接受别人的意见，这能为企业带来更多创新思路和解决方案。

二是为员工提供通畅的沟通平台，让员工能够跨越部门、地域和职位等界限，自由地交流和互动，从而进行广泛的思维碰撞和头脑风暴，实现高效的协作和协同。如果一家企业里员工想说的话说不出、说出来没人听、听到了没人在意，那么这家企业一定不会得到长远的发展。其实，打造沟通平台并不难，企业内部社交媒体、在线协作工具、邮件、电话等都可以成为有效的工具，关键在于领导者要有开放的心态，能够兼收并蓄。

三是引导员工持续学习和创新。现在是知识时代，管理者需要注重员工的学习和创新能力的发展，为他们提供丰富的学习资源和培训机会，鼓励员工不断学习新的知识和技能，并且让他们有机会将所学的知识和技能运用到工作中去。企业还可以设立专门的创新中心或者组织创新比赛，鼓励员工提出新点子，寻找新的解决方案和机会。

四是打造有利于创新和创造的工作环境，并且为员工提供必要的工具和资源，比如创新实验室、资金支持等，帮助他们实现自己的创新目标。而且，企业还应该积极鼓励员工参与项目管理、问题解决和流程改进等活动，为他们提供更多的机会去发挥创造性和领导力。

集众人之智的方法还有很多，需要企业不断探索，同时也需要员工们积极参与和努力。只有凝聚众人的智慧，遍采众人之长，企业的创新力才会永不枯竭，才能不断创造新的辉煌。

借众人之治

除了集众人之智，我们还要借众人之治。我提出的齿轮型组织就是为了借众人之治。华星光电最高峰时有 500 多个齿轮在运转，组成齿轮的都是跨部门、跨组织、跨层级的人。虽然我这个 CEO 与普通员工可能相差了 5 级，但我们可以在同一个齿轮里协作，这就是借众人之治。

借众人之治，就是要让所有员工都积极参与到企业的决策和管理中，共同推动企业发展，共享企业成果。

我们要想实现这种全员共治，首先要在企业中引导员工树立共治意识，让他们认识到自己是企业发展的重要一员，并要求他们关注企业发展、参与企业决策。

其次，要建立民主管理机制，让员工有机会、有渠道参与企业决策。企业可以制定员工代表制度，选举代表参与企业决策；建立员工意见反馈渠道，收集员工意见和建议；组织员工参与企业决策会议等来实现民主管理。

最后，重要的是建立奖励机制，激励员工积极参与企业管理和决策。关于奖励机制，我在前文中已经讲过多次，在这里，我想强调一下股权激励对员工参与共治的重要作用。

股权是企业的一张王牌，企业的各种资源都与其有着千丝万缕的联系。当作一种纽带，将企业的人才、资本与资源连接在一起，实现共赢，是在企业内部做股权激励的重要意义。在实施股权激励的企业中，员工与企业之间建立了一种全新的关系。员工不只是被雇用者，更是事业伙伴，而领导者也不再以自我为中心，而是追求与员工的共享和共创，领导者对员工施加的不只是管理与考核，而是影响与激励。这些转变促使员工的心态产生了变化，员工不再只把自己当成一个打工者，而是对企业有了一种主人翁精神。

比如，一个员工工作一直勤勉努力，业绩也很突出，到了年底，公司对他进行了奖金奖励，给他多发了一倍奖金，这时的他会很开心地想："老板很器重我，我一定要好好干。"而如果企业对他进行了股权激励，把他列为激励对象，他的心态就彻底不同了："老板给了我股权，我一定继续努力，再过两三年，我也能成为公司的股东。"这时的他已经开始把自己当成企业所有者了，当然会心甘情愿地为企业拼搏。当员工普遍拥有这种心态时，借众人之治就真正实现了。

借众人之治，员工不再是企业的治理对象，而是成为与管理者、股东站在同一战线的企业所有者，共同建设企业，促进企业内部生态圈的良性发展。

达众人之志

集众人之智，借众人之治，最终的目标是达众人之志。所谓众人之志，是指大家共同的愿景，而不是个人的愿景。

我常把企业比作一艘船，所有员工都是这艘船的水手，只有大家的目标和方向一致，才能一起驾驶着这艘船抵达目的地。如果大家的目标和方向不一致，有人会中途下船，还有人会想办法让这艘船往另外的方向行驶。这时，这艘船能不能到达预期的彼岸，就成了未知数。这就是为什么企业一定要有共同愿景——只有拥有共同愿景才会使企业目标与员工抱负保持一致，使所有人心往一处想、劲儿往一处使，让团队拥有灵魂，成为自组织、自驱动型团队，迸发出不可估量的力量。

当企业达到这种状态时，管理者只需要做好掌舵人，及时调整团队方向，就可以静待花开。在众人之志的驱动之下，企业成长为卓越的企业只是时间问题。

共同愿景能否实现，在很大程度上取决于大家能不能分享共同利益。能做到分享共同利益，才有可能实现共同愿景。

2013年，华星光电创造了20多亿元的利润，大大超过了预定目标。到年底要发奖金时，按照公司规定，奖金应该由管理团队的十几个人分享，但我却让人力资源部重新制定了分配方案，变少部分人分享为全员分享。

当时，我对李东生董事长及团队说："活儿都是副总裁们干的，如果我自己拿了大头，他们明天还跟我干吗？副总裁有了奖金，总监、厂长们应不应该得到奖金？他们也觉得活儿是他们干的，公司平时强调赢在中层，奖金怎么能不给到中层？良品率都掌握在工人手上，我们是无人工厂，60多万平方米的无人车间，平时在里面都看不到人，工人都在100米之外靠电脑操作控制良品率，不给工人们发奖金行不行？"奖金绝不能只分配给少数高层管理者，而是要全员分享。为了调动几个主要副总裁的积极性，他们的奖金比我的还高。

　　后来，有人说薄连明发扬了风格。我说不对，是我们这个群体所有干部一层层地都发扬了风格。但是，我们少拿是为了拿得长久，是为了大家每年都有奖金拿。

　　利益都共享了，人心能不齐吗？

　　一个企业要想做成百年老店，"人"是最核心的要素。一个愿意分享利益的领导者，才能引领他的企业走得更远。通过分享，人心凝聚了，企业就有了强大的向心力和竞争力，企业这栋大厦也就有了牢不可破的基础，才能建得更高。

　　我将组织领导力的话题作为最后一章，是想表达"领导力"是高于"管理力"的，如果说管理是用脑，领导则是用心。只有用心，才能使企业中的所有人都愿意分享利益，使"集众人之智，借众人之治，达众人之志"不再是一句口号，而是公司各层级管理者的共同行动。当一个人的行动变成群体行动时，个人的领导力就变成了公司的核心竞争力。

瑞·达利欧写的《原则》我很欣赏，也推荐给过很多企业家学习。效仿达利欧，我用了两天时间思考整理我的管理原则和生活原则，并将其列于书末，与朋友们共享。

我的管理原则

1. 我的目标是创建一部运转得极好的机器，我只需坐在一旁静看美好事情的发生。

2. 管理四句诀：机制牵引、体制保证、文化导向、能力支撑。四位一体，不断螺旋上升。

3. 企业机器的传动机制是"战略驱动运营，绩效促进改善"的经营循环。

4. "集众人之智，借众人之治，达众人之志"，要将领导力变成组织的核心竞争力。

5. 我的领导风格是独特的政委型司令。

6. 经营循环论是放之四海而皆准的基本方法论。

7. $Y=f(x_1, x_2, x_3, \cdots)$ 战略方程式是战略与运营连接的有效工具，整体思维，层层解析，分解才有解。

8. 管理为经营服务，管理水平要适配于经营所处的阶段。经营是把长板加长，管理是补短板。管理存在的唯一目的在于放大经营。

9. 产品力与商业模式是时时刻刻要关注的问题，并且产品力是经营的第一粒扣子，第一粒扣子系对，下面的扣子才能系对。

10. 以简驭繁。要简单再简单，复杂是利润的大敌，简单才有竞争力。

11. 用数据说话，多做"数学题"，少做"语文题"。

12. 以目标为导向，从目标出发的管理是达成目标的最短路径。从目标出发，不纠缠于问题，问题是消失掉的，不是解决掉的。

13. 因为系统，所以成功。

我的生活原则

1. 诚以待人，百术不如一诚。自己简单，世界就单纯了。

2. 诚于己，忠实于内心。诚则明，明则诚，一则诚，二则伪。

3. 相信勤能补拙，人可贵的品质不是聪明，而是勤奋和努力，人一己百，人百己千。追求精神的富足，不贪图物质享受。要有坚持与毅力。

4. 把思想的深度和广度拓展到无限大，换来内心无比的平静自在，有利于身心健康，不焦虑。不要盯着脚尖走路。

5. 不欠人情债，别人对我好，我要十倍地报偿，甚至提前报偿。

6. 相信因果报应，种豆得豆，种瓜得瓜，累积福报，自得天助。

7. 找到忧郁心理的积极一面：责任心和深思熟虑。

8. 心是道的源泉，道是德的根本，厚德才能载物。人与人的区别是心灵品质的区别，提升自己的心灵品质是人生最大的战略。

9. 知行合一，知行本一。盲知盲行，浅知浅行，深知深行，正知正行。不断提高自身的认知水平。

10. 学习力是自己的核心竞争力，系统的理论知识和总结能力是自己的特色。

11. 注重自身形象。热情、温暖、镇定、自信、幽默、从容、举重若轻、不慌张、不忙乱。相信外在的形象来源于内在的气质。

12. 影响力大于行政指令，依靠影响力成为群体的领袖。

13. 因为相信，所以看见。

ACKNOWLEDGEMENTS

致　谢

　　著名导演谢晋曾说过"电影是门遗憾的艺术",当他被问及"最满意哪部作品"时,他总是说"下一部"。我认为写书也是如此,完成书稿时,会有一种轻松感,但同时又会感到遗憾,总有一种言犹未尽、未能将心中所念完美呈现的感觉,只能期待下一部作品,这也正好逼迫自己不断学习、持续进步。

　　写书的过程是回忆和复盘自己职业生涯的过程,一路走来要感谢的人太多了。首先要感谢深航的创始人段大扬先生、TCL的创始人李东生先生、光峰科技的创始人李屹博士,是他们的胸怀、包容和支持,为我提供了充分的施展才能的空间,让我得以在职场中创造出最佳管理实践,还要感谢在这三家企业共事过的众多战友和同事,这些最佳实践也得益于他们的贡献和智慧。我要感谢我的恩师西交利物浦大学的执行校长席酉民教授,他集管理学家、教育家和企业家身份于一身,是我一生学习的楷模，他对我的悉心指导让我受益至今。我要感谢机械工业出版社的岳占仁老师，是他的邀请和坚持才让我有了写此书的意愿；我要感谢白婕编辑和梁智昕编辑，从她们身上我看到了什么叫认真和专业。我要感谢领教工坊的创始人肖知兴教授，是他邀请我出任私董会的领教，让我得以深度体会教学相长，我从众多的企业家身上看到了企业家精神和人性的光辉，这个名单很长，在此不一一列举了，他们也是我的良师益友。我要感谢我们明微咨询公司的刘娟、许芳、钱淑萍、王平等众多同事，他们在为企业全心全意服务的同时也为本书的写作不断输入养料，他们敬业乐业的精神常常让我感动。我要感谢我的好朋友北京师范大学的赵向阳教授，他是一位畅销书作者，他为本书的写作提出了很多有益的建议。最后我要感谢我的家人，近年来由于商学院讲课和企业咨询服务工作量巨大，我几乎处于全年无休的"工作狂"状态，陪伴家人的时间少之又少，家人的理解和支持使我敢于不断尝试新事业，开启新的人生曲线。